JN440336

모범답안

한국신춘문예협회

모범답안

초판인쇄 2017년 4월 20일
초판발행 2017년 4월 25일

지은이 이 종 오
펴낸이 엄 원 지 (엄 대 진)
펴낸곳 한국신춘문예협회

등록번호 제 301-2012-158호
등록일 2012. 7. 24
ISBN 978-89-98104-09-2 (03800)
책 값 10,000원

주소 서울시 영등포구 국회대로 70길 15-1(여의도동 극동VIP빌딩 905호)
대표전화 070-4036-5443
F A X 070-8241-5472

본 도서의 판매수익금의 일부는 본 협회에서 추진하는
각종 문화예술제의 진흥기금으로 쓰여집니다.

* 이 책에 대하여 내용을 저작권자와의 상의없이
무단으로 사용하거나 복제를 금합니다.

수필이 있는 시집

모범답안

저자 /이종오

한국신춘문예협회

작가 단상

존재하는 모든 유기체는 시를 짓고 시를 음미하며
詩的으로 살아갑니다.
삶이 詩이고, 존재 자체가 善이기 때문입니다.

살아 있는 건 자유로운 겁니다.
자유로움은 스스로에 대한 정직함의 결과로 얻어집니다.
바람, 비, 나무, 풀 등 자연은 자유롭습니다.

나는 얼마만큼 자유로운가?
자문을 하며 시와 수필을 짓고 썼습니다.

누구나 시인입니다. 다만, 어휘로 표현하지 않을 뿐.
고맙습니다.

2017년 초봄에
저자 이종오

차 례

여름

가을

겨울

수필이 있는 길목

작품 해설

봄

모범 답안

지동설이 인증 받기 전의
모든 건 거짓이었다.

이차원에서
인간이 추구했던 것,
진리라고 가르치고 배웠던

모든 건 거짓이었다.

지금도 여전히 그렇게
거짓을 진리라고
또 가르치고 배운다.

처음부터
인간이 추구해 오던 것들은

거짓뿐이다.

존재하지 않는 허상으로부터
자유를 잃고
스스로가 불행해 지는 늪으로 빠져만 간다.

사실은 모든 게
정답임에도

모범 답안만을 찾아 헤맨다.

SECRET

나에겐 비밀이 있습니다.
말 못할 비밀
아니,

말 할 수 없는 비밀이 있습니다.

남들은 없는
값진 보물을 나 혼자 갖고 있을 때
미쳐진 사람이 되어 버리고 맙니다.

처음엔 설명을 해 보려고 합니다.
그 다음엔 이해를 시켜 보려고 합니다.
　　　붙들고 넣으려고 합니다.
그 다음에는,
또 그다음에는…….

그래서 미쳐진 사람이 되어 버립니다.

꽃은 아름다움을 설명하지 않습니다.
보석은 이해시키려 하지 않습니다.
믿음은 붙들고 넣는다고 이루어지지 않습니다.
사랑은 나의 표현으로 얻어지지 않습니다.

비밀은 곧 향기입니다.
양초를 캐려는 자는 그 향기로 캡니다.
자식은 향기로 어미를 압니다.

비밀이 있으면 향기가 납니다.
분리됩니다.
갈 곳이 있는 자와 없는 자처럼,
두려움이 있는 자와 없는 자처럼
비밀이 있는 자와 없는 자는 분리 됩니다.

나에겐 비밀이 있습니다.
말로 할 수 없는 비밀이 있습니다.
그에게 사랑을 받고 있는 중입니다.

그는 나를 순간도 미워하지 않습니다.
업신여기지 않습니다.
멀리하지 않습니다.
나의 형편과 모양이 어떠하더라도,
약함과 추함이 보여 지더라도
그는 늘 내 곁에서
처음 주었던 사랑을 변함없이
주고 있기에 믿지 않을 수 없습니다.

사랑하지 않을 수 없습니다.

이제, 분명히
확신을 갖고 물어 봅니다.
당신도 비밀이 있습니까?

당신의 비밀은 어떤 것인지요?

家庭

흑과 백이
공존하는

灰色 地帶

좌와 우가
상생하는

中庸 地帶

너와 내가
우리로 되는

어울림 역

흑과 백,
좌와 우가
소멸돼도
남아있어야 할

또 다른
人格과 生命體.

가을

옷을 정갈히 갈아입는 너.
속옷도 갈아입고
겉옷도 갈아입는다.

갈아입을 옷이 없는 나.

다가오는 때를 준비하는 너.
메마름에도 준비하고
추위와 배고픔에도 준비한다.

준비할 게 없는 무능력한 나.

차디찬 바람에도 잘 견디고 있는 너.
이파리가 떨어지며
가지가 앙상해 지며
그 모진 고통과 공허에도 견디며 있다.

인내심도 견딤도 없는 나.

너는 그렇게
옷을 갈아입혀 줄 부모가 있고,
때를 준비할 친구가 있고,
견디며 같이할 형제가 있구나.

나는 이렇게 그냥, 혼자다.

가족

아귀다툼부터
태양의 신비까지 담고 있는

우주적 공간

그 공간에서
각 독립국가가
연일 전쟁과 평화를 치루고 있다.

가장 악한 모습부터
최고 자상한 표정까지
하루에도 여러 번,
셀 수 없이 많은 감정의 기복을
거르지도 않은 채 지내는

삭혀지지 않는 자연산

매일 보아도

매양 다른 모습을 보여 주게 되는

신의 골동품.

갑판 위에서

비 내리는 갑판.
물 위에선 배 자국의 포말이,
그리고
허공에선 안개인지, 부슬비인지…….
날 휘몰아 간다.

오래 전부터 앉고 싶었던
비 내리는 갑판 위의 의자.
온 몸을 적셔주는 빗줄기의 두드림과 체온을 서서히 빼앗아 가는
그 잔인스러움을 깊이 느끼어 본다.
죽음 역시 체온을 빼앗겨 가는 그 과정 아닌가?

멀어지는 제주,
멀어지는 세상,
그리고
더 더욱 멀어지는 그 모든 것들…….

울고 싶어서 운다.

하긴,
울고 싶을 때 울 수 있는 것도 크나 큰 행운이다.
여기도, 저기도
죽기 전에 한번은 같이 왔어야할 동생이 생각난다.
잊은 것 같았는데…….
때가 되면 언제나 그리워지는 동생.
내 마음에 깊은 덩어리를 주고 간 동생.
그래,
어찌 보면 정말
네가 옳았다. 네가 옳았다. 네가 옳았다…….

비 내리는 갑판.
축축이 젖어 가는 갑판이 적당히 물들어 가는
내 모습 같다. 물들어 간다는 것.
잃어 가는 것이다. 잃어 가는 것이다…….

잃어 가는 것은 또한 죽어 가는 것이다.
그렇다.
나 역시 서서히 죽어 가고 있다.
그것을
내 스스로가 인지하지 못하고 있을 뿐이다.
아니,
부정하고 있는지도 모른다.
내가 인지하지 못하고, 부정한다고 해서
죽음이 없어지는 것인가?

죽음이 어리석은 것인가,

내가 어리석은 것인가…….

흐린 바다를 배가 가른다.
배 지나간 자린 이내 없어진다.
내가 살아온 자리
역시
순간에 잊혀지고, 없어진다.

비 내리는 갑판.
비를 껴안고, 추억을 안고, 사랑하는 모든 것을 안고…….

그리고
나를 껴안고 간다.

바람과 배와 비와 물결과 함께…….

거울

수면이었을 때
구리였을 때
은 이었을 때가 있었다.

그렇게
각종 금속 이었을 때가 있었다.

지금은 유리다.

겉으로도 매끄럽고 아름다운 너.

너는 깨끗함을 보고 싶다고 한다.
네게 비춰지는 것들이 깨끗하길 바란다.

너는 진실함을 보고 싶다고 한다.
네게 비춰지는 것들이 진실하길 바란다.

가장 멀리

가장 빠르게
어디든지 오갈 수 있지만,
나에게 가까이 머무르고 싶다고 한다.

내게 가장 좋은 친구가 되고 싶다고 한다.

매끄럽고 아름다운 너.

진실의 귀중함,
정직의 소중함을 알려 주고 싶다고 한다.

자세히 알려 주려고 한다.

가장 멀리
가장 빠르게
어디든지 오갈 수 있지만,

내게 가장 가까이 머무르고 싶다고 한다.

겨울

뜨거운 마음이 부끄러워
흰 화장을 한다.

열애로 타는 마음을 감추려고
척박한 두터움으로

속내를 드러내지 않는다.

봄의 설렘,
여름의 산만함,
가을의 풍요로움을
모두 끌어안은 채

또 다른 새로움을 조용히 준비하는
너의 기다림이 얼마나 사랑스러운지…….

손이 차가운 사람이
뜨거운 마음을 가진 것처럼,

냉정한 사람이
타오르는 마음을 가진 것처럼

차가움 속에 마그마를 품고 있는 너.

그 무한의 생명을 보존하려고
하얀 눈으로 전신화장을 한다.

척박함으로 두터운 갑옷을 걸치고 있다.

계절과 우주의 맨 나중이자 처음인 너.

봄의 근원.

겨울나무

잎이 다 떨어진
은행나무가
초겨울 햇살을 받고 있다.

그 모습은 초라한 것이 아니라
당당하게 보였다.

그는 후회 없이
1년을 보냈고,
사시사철 어려움을 초지일관으로
견뎌내고 있으며,
다음 해에도
그렇게 살아가길
스스로가 지켜왔던 것과 같이
스스로 약속하기 때문이다.

그래서
그는 지금도

당당하게 아침 햇살을 받는다.

그리고 저녁노을은 그를 찬양한다.

경복궁 블루

조선의 자존심.
조선의 실존.

총독부 건물이 가로 막았다.

굽이 친 기와곡선의 미.
빛깔 고운 단청의 멋.

콘크리트 건물이 가로 막았다.

뜯겨진 고운치마처럼,
흐트러진 왕비의 어여머리처럼

뜯겨지고 흐트러져 상처뿐이다.

경복궁 처마 끝에서
눈물이 흐르다가
흐르다가

고드름 되어 굳어 있다.

고로쇠나무

겨우내
절망의 절망 속에서
힘겹게 뿌리를 뻗어
이제 막,
물길을 찾아
숨을 쉬려한다.

방울방울
생명수를 이고 지어
저 가지 끝
새순이 돋는 막내에게
물 한 모금 적셔 줘야 하는데
웬걸,
가슴에 대수관이 꽂힌다.

아픈 건 고사하고
숨도 못 쉴 것 같은 막내의 안타까움이
정신을 아득하게 한다.

춘 삼월.

목련, 산수유가
자태를 뽐낼 때
내 부모와 형제는 살기 위한
또 다른 사투를 벌이고 있다.

그렇게
나는 생명을 보시하며 살아남는다.

고속도로

100㎞/h의 속도로 달리는
수십 톤의 트럭을 짊어진다.
택시, 버스……
각종 운송수단을

등허리에 업고 있다.

100세 村老의
얼굴처럼,
발뒤꿈치처럼

등허리가 움푹 파이고 갈라진다.

홍수와 가뭄이 등허리를 후려친다.

40℃ 작열하는 태양과
-20℃ 혹한에

등허리가 구워질 듯하고 굳어버린다.

트이고 갈라진 등허리에
콘크리트와 아스팔트를 덧댄다.
그리고 또
고통과 아픔이 이어진다.

무거움과 혹한과 폭서......
그렇게
평생토록

나는 짓밟힌다.

짓밟힘을 참고 견뎌야할 이유는
생명을 품고 있기 때문이다.

등허리가 벽파되면,
내가 견디지 못하면,
품고 있는 수많은 생명이 위태롭다.
나를 믿고 의지하는
잡초, 물방울, 지렁이, 박테리아......
그들의 순수한 삶과 생명을 위해
이까짓
짓밟힘 쯤이야
얼마든지 참고 견딜만하다.

나의 고통과 짓밟힘은

우리의 존재와 행복을 위해서

당연히 참고 견뎌야할 이유가 된다.

이유 있는 존재가 나다.

그래서 내 삶은 까닭이 있다.

고속버스 휴게소

먹을거리가 있다.
토스트, 군고구마, 감 말랭이…….

엿장수는 연신 가위를 덜그럭거린다.

쉴 곳도 있다.
앉아서도 쉬고, 서서도 쉰다.
건물 뒤쪽으로 툭 터진 정경도 볼 수 있다.

구세군 모금 소리도 들린다.
가끔, 각설이타령을 하곤 한다.

휴게실에서 밤을 새우고 싶다.
오라는 곳 없어도
지낼 수 있는 곳.

혼자 놀다 가는 곳.

空中

처음엔 비어 있었다.

하나 둘 죽어 영혼이 자리 잡고,
수십억만을 수없이 많이 곱하고 더해져서
생겨진 엄청난 수의 영혼들로 채워지더니

처음엔 비어 있었다.

하나 둘 자동차 매연이 자리 잡고,
수억만을 여러 번 곱하고 더해져서
생겨진 대단한 수의 자동차 매연이 채워지더니

처음엔 비어 있었다.

하나 둘 스프레이, 공장연기…….
그렇게 종류도 가지가지 곱하고 더해져서
생겨진 파격적인 수의 갖가지로 채워지더니

처음엔 비어 있었다.

하나 둘 욕설, 미움, 시기…….
그렇게 악심들이 곱하고 더해져서
생겨진 무서운 수의 욕망이 채워지더니

이제 꽉 차 버렸다.
空中이 滿中 되었다.

나 죽어서 갈 자리도 없네.

너 죽어서 갈 곳도 없어.

관상

보이는 것으로 보이지 않는 걸 본다.

우주 천지가 있고
태양이 있고
달이 있고
강물이 흐르고
바다가 있고
숲이 있고
꽃이 있고…….

알 수 있는 것으로 알 수 없는 걸 안다.

조상이 있고
부모가 있고
부부가 있고
자녀가 있고…….

그려진 것으로 그리지 못하는 걸 그린다.

과거가 보이고
현재를 보고
미래가 보여 진다.

느끼는 것으로 느낄 수 없는 걸 느낀다.

나를 보고
당신을 보고
우리를 본다.

보이는 것으로 보이지 않는 걸 본다.
그려진 것으로 그리지 못하는 걸 그린다.
알 수 있는 것으로 알 수 없는 걸 안다.
느끼는 것으로 느낄 수 없는 걸 느낀다.

얼굴에도 있고
표정에도 있고
피부에도 있고
빛깔에도 있고
몸에도 있다.

교실

스무 평 공간에서
서른 마음이 교차된다.

같은 것이라고는 하나도 없는,
모두 다른 빛깔이 모여 있다.

그리고 하나의 빛깔은
다른 빛깔은 끌어안는다.

발산과 수렴이
동시에 이뤄지는 우주적 공간.

각 행성이 절대가치와 역할을 갖는
형이상학적 공간.

수십 년이 지난 후
또 어떤 빛깔로 모여들까?

스무 평 공간에서
서른 마음이 떠돌거나 어우러진다.

그런
독특한 형체를 갖기 위해서.

교정의 아침

사월,
교정의 아침은 상큼 하다.
모두가 감사하는 모습으로 제 자리에서 인사를 나누는 정경이
얼마나 소중한지 모른다.

새들은 태양 빛에 감사하고,
나무들은 촉촉이 젖은 토양에 감사하고,
콘크리트 건물들도 자리 매김에 감사하는
인사를 나눈다.

살아있음에 감사하는 그들은 욕심도 없다.
편안함을 누린다.
살아있음에 더욱 감사하는 그들은
다른 개체와 동반하는 지금을
참으로 아름답고 소중히 여기고 있다.

그래서 그들은 자유로우며
그 자유로움을 누릴 수 있는 특권을 갖게 된다.

다른 개체를 인정하고 배려하는 것이
진정,
자유로운 삶이라는 것을 그들은 창조주로부터 배워서 알고 있기 때문이다.

자유로움은 누리는 것.
움직이는 실체.
감사할 줄 아는 삶.
그래서 살아있는 유기체적 모습을 보이게 된다.

결국, 자유롭지 못한 것은 산 것이 아닐 진데…….
살아있는 것처럼 보이나 산 것이 아닌 것이 얼마나 많은가?
구속된 시간,
욕심의 마음,
그리고 솔직하지 못한 많은 것들…….

이젠, 교정에 아이들의 움직임이 부산하다.
교정은 자유롭고 살아있는데
그 살아있음을 누가 보고 있을까?
그리고 우리는 무엇을 가르치려는가?

사월,
교정의 아침은 푸근하다.
모두가 감사하는 모습으로 제 자리에서 인사를 나누는 정경이
얼마나 소중한지 모른다.
그리고
이 사월은 결코 돌아오지 않을 것이란 것을

우리는 깊이 알아야만 한다.

또한,
그렇다는 것을 가르쳐야만 한다.

가르쳐야만 한다.

그리움

지직 지직…….
얽이 설기 깔아 놓은
야매 전기장판에서
얇은 니크롬선이
희 매캐한 냄새를 풍긴다.

살갑던 당신 눈이 왠지
무서워 보일 뿐.

냉기가 남아 있는
좁은 윗방에서
오징어가 잡숫고 싶다며,
한번 안아 보자며
4살 어린애를 부르고
두 손을 내미신다.

어린 애는 다가서지 못하고
퀭하니 꺼진 눈빛이 무서워

뒷걸음만 친다.

이리 오거라.
한번 안아보자꾸나. 안아보자꾸나…….
늙지도 젊지도 않은
40대 중반의 여인네가
어린애를 부르다가, 부르다가

새벽이슬처럼
잠시 맺혔던 생을 마치셨다.

깨지고 망가지기 쉬운 것

깨지고 망가지기 쉬운 것.

행복이 그렇다.
기쁨도 그렇다.
건강도 그렇고,
웃음도…….

그리고 생명 역시 마찬가지.

나는 그렇지 않겠지,
내 것은 안전하겠지,
하는 그 생각 때문에
또

깨지고 망가지기 쉬운 것들.

내 것만을 ;감싸 안으려는 마음.
내가 대단한 능력이 있다고 생각하는 것.

그런 욕심으로 해서
더욱

깨지고 망가지기 쉬운 것들

우리가 간직하고 소유하려는 모든 것이 그렇다.
그래서 우리 인생은 고민과 번민에서 헤어날 수 없는
그런 연속 상의 삶.

인생의 딜레마.

나무

넌 부끄럽지 않아 당당히 벗고 있는데
난 철마다 그렇게 입고만 있다.

넌 진실하기에 그대로의 모습으로 자리지킴 하는데
난 때마다 이리저리 분주하게 돌아다닌다.

넌 껍질이 갈라지고 트여도 온전히 비바람 맞는데
난 작은 상처에도 용서함을 베풀지 못하며 안락한 곳을 찾고 기댄다.

넌 언제나 본을 보여 생명의 소중함을 일깨워 주는데
난 잔소리와 지시 그리고 시키기의 생활을 일삼는다.

넌 깊이가 있어 부지런히 드러내지 않고 할 일을 다 하는데
난 틈내서 게으르길 주저 않고 할 일도 제대로 못하면서 드러내길 수이한다.

넌 시나브로 관망할 줄 알고 베풀 줄 알아 장수하는데

난 조급함에 화를 내고 챙기기에 급급하여 단명 한다.

넌 흔들리면서 실상은 곧은데
난 곧은 체 하면서 줄 곧 흔들린다.

나는 너와 같고 만 싶다.

너처럼 이고만 싶다.

나무는 낙엽으로도 말한다

처음부터 너는 서 있는 것으로 말했다.
아무도 없는 황량한 곳에서도 너는 서 있었다.
누구나 있는 시끄러운 도시 한 복판에서도 너는 서 있었다.

모두가 숨어버린 그 시각에도 너는 서 있었다.

그러다가
봄에는 그 길고 맑은 샘에서 생명을 길어 와
줄기와 잎을 살렸다.
투박한 줄기에서 솜털같이 나약한 싹이 움트고,
여름이 다가오면서 그 여린 싹이 함초롬히
고개를 들어 청순한 잎이 되더라.

심장 박동 소리가 커지고 혈관이 최대로 확장되어
잉태된 열매가 포화되는 한 여름을 지나서
너의 얼굴이 살포시 열려 때로는 붉은 색, 베이지 색…….
각종 색으로 네 상징을 보여주더라.

여린 싹이 청순한 잎이 되고 타오르는 열정처럼
물들여졌다가는 땅으로 미련 없이 떨어진다.
떨어질 때도 법도와 예의를 지키는 너의 잔유인
낙엽은 소멸이 아니라 새로운 생명의 주추가 된다.

너는 낙엽으로도 그렇게 말을 한다.

나는 무엇을 말 하는가?

수필이 있는 시집

모범답안

저자 / 이종오

여름

나일 강 종단 열차

1,300킬로미터를
지친 기색 없이
밤 새 달린다.

2인 1실
허접한 이층침대 칸
13시간 동안 삐거덕 거린다.

뚜껑 없는 변기통에서
60年代 우리의
자화상을 본다.

노래하는 갈대

갈대가 바람결에 몸을 부딪는다.
몸과 몸이 닿아 서로의 상처를 어루만져 주고,
마음과 마음이 이어져 경계를 허물고,
하나 되는 어우러짐 속에서
기쁨을 같이 하고 슬픔을 같이 하며
눈물을 나눈다.

상실의 고통을 알기에
서로가 서로에게
얼마나 필요하고 소중한지를 알고 있어,
갈대는
바람에 서로의 모든 것을 부딪는다.

혼자이지 않은 갈대……
그러면서도 혼자인 갈대.

갈대가 바람에 부딪고 흔들린다.
몸과 마음이 닿아 노래한다.

사랑과 존경과 희망을 안고
갈대가 서로 노래한다.

서로의 노래를
서로가 서로에게
그렇게 노래한다.
봄, 여름, 가을, 겨울.

변함없이 지금도 그처럼 부르고 있다.

누구나

누구나 행복 할 수 있다. 누구나 불행 할 수 있기 때문이다.
누구나 웃을 수 있다. 누구나 화를 낼 수 있기 때문이다.
누구나 산다. 누구나 죽기 때문이다.
누구나 같다. 누구나 다르기 때문이다.
누구나 더럽다. 누구나 깨끗하기 때문이다.
누구나 선하다. 누구나 악하기 때문이다.
누구나 강하다. 누구나 약하기 때문이다.
누구나 건강하다. 누구나 아프기 때문이다.
누구나 시끄럽다. 누구나 조용하기 때문이다.
누구나 진실하다. 누구나 거짓이기 때문이다.
누구나 추하다. 누구나 아름답기 때문이다.
누구나 혼자다. 누구나 제 짝이 있기 때문이다.
누구나 벽이 있다. 누구나 소통하기 때문이다.
누구나 정직하다. 누구나 도둑이기 때문이다.

누구나가 그렇다. 누구나가 그렇지 않기 때문이다.

다만,

한 사람.
언제나 같은 사람.
언제나 그런 사람이 있다.

나의 친구 그리스도.

달력

서른의 다름이 한 묶음씩 묶여 있다.

때로 한 개가 부족하고 또 남게도 되지만.

12장 단막극의 연출이 흥미롭다.
희 노 애 락

무한대 사람이 쉼 없는 얘기를 들려준다.
극악무도함부터 눈물겨운 안타까움까지.

그토록 다른 이야기들.

한 개, 한 묶음
12장을 넘기면서
내 얘기는 별거 아닌데도 불구하고
가장 힘든 것처럼,
　　아름다운 것처럼

여겨지는 까닭이 뭘까?

12장 단막극 연출을 벌써
수 십 차례 했으면서도

매양 그대로인 연유는 뭘까?

그가 숫자로 말한다.

인생은 간막극인 단막극이라고.

담배

집 떠난 후 잠시뿐인 수명.
제 命대로 못 가는 급사 인생.

나를 시기하는 족속들이 많다.
主食도 나를 시기하고,
茶도 나를 시기하고,
술도 나를 시기하고,
죽음도 나를 시기한다.

사랑 받음에 있어선 추종을 불허한다.

나는 영원히 건재할거다.

집 떠난 후 잠시뿐인 수명.
제 命대로 못 가는 급사 인생.

내 삶처럼 짧고 굵은 건 없다.

당신의 것으로

당신의 것으로 되고 싶다.

당신 마음 가운데 고이 간직되고 싶다.
그래서
당신이 필요로 할 때 언제나 어디서든
꺼내어 볼 수 있는 당신의 것으로 되고 싶다.

당신의 것으로 되고 싶다.

당신의 가장 비밀스런 곳에 정갈하게 자리한 당신의 것으로 되고 싶다.
그래서
당신이 즐거울 때에도
슬퍼할 때에도 당신과 함께 하는 당신의 것으로 되고 싶다.

당신의 것으로 되고 싶다.

당신이 잘 때에도

거울을 들여다볼 때에도
그리고
꿈에서도 당신과 어우러지는 당신의 것으로 되고 싶다.

당신의 것으로 되고 싶다.

떨어져 있어도 항상 그 자리에 있는,
당신이 외로울 때도 채워줄 수 있는 당신의 것으로 되고 싶다.

나의 마음은 당신의 것으로 되고 싶다.

나의 마음이 당신의 것으로 되고 싶다.

대동여지전도

매섭고 추운 이국 하얼빈에서
끝내 조국을 지키려는

독립장군의 총 잡은 손

그 손 곳곳에 흐르는
핏줄이 가락 끝 모세관까지

깊숙이 이어진 신경조직.

적혈구가 힘차게 이동한다.
림프샘으로부터 솟아 오른

역동의 모습이 보인다.

그 순간,
그 때를 결코 놓치지 않는
독립민족의 손은

지금도 그처럼

팽팽히 평형을 이루고 있다.

우주의 평형처럼.

도서관

빨강색 표지 책
파란색 표지 책
하얀색 표지 책…….

표지 색깔이 많기도 하다.

재미있는 얘기를 끝없이 들려주는 소설.
마음을 쓰다듬어 주는 시.
삶의 흔적을 자세히 들여다보게 하는 수필.

언제 마주하더라도 믿음직한 친구들이 기다리고 있다.

살 내음이 좋은 게 연분이 맞는다 했나?
멀리서도 좋은 살 내음.
더없이 좋은 책장의 속살 내음.

영혼의 묘지에서
그가 숨을 쉰다.

그가 말한다.

그리고
나는 또 하나의 그가 된다.

죽은 자와 산자의 공동묘지.

죽지 않는 자와 죽을 자가 만나는 신우주의 공간.

도시 나무(도시의 가로수)

스물네 시간
차량의 시끄러운 소리,
독한 매연,
사람들의 욕설…….
그런 것들에 시달리면서
무슨 생각을 할까?

덩그러니 서서

1,440분
주정꾼의 험악한 소리,
부부들의 아귀다툼,
사고로 죽는 비명 소리…….
그런 것들을 보고 들으면서
무슨 생각을 할까?

우두커니 서서

산등성에서 눈을 맞는 그 보다
들판에서 꽃과 열매를 맺는 그 보다
네가 더 아름다운 것은
그런 보잘 것 없는 나를 지켜봐 주고
들어 주는 부모 같음 때문이다.

부모라도 지켜봐 주기 어렵고,
들어 주기엔 더 힘든 것들 아닌가?

24시간,
1,440분을
매일
매 순간
평생이기에.

지금도
너는 무슨 생각을 하고 있니?

그렇게 서서.

독도

지구 저 밑바닥부터
내 형제는
울릉도와 한반도였다.

나는 태초로부터
한반도에서 가지로 이어 온
정통성을 지니고 있다.

한반도 동쪽.
태평양을 바라보며
독수리눈처럼
호랑이잇빨처럼
나는 그의 척후병이다.

지구 핵의 마그마 열정으로
솟아 나온
나와 울릉도

그 헤아릴 수 없이 깊은
뿌리로부터
연연히 솟아오른다.

강인한 무궁화 잎새가
드넓은 태평양 위에서
기지개를 켠다.

첫 일출을 머금고 기염을 토한다.

대한민국에서
처음 태양과 악수하는 나.

독도는 이렇게
대한민국의 처음이다.

아름답고 자랑스러운 독도여!

한반도 기치 아래 영원 하리!

한반도 핏줄로 이어진 독도여!

한반도의 방패 독도여!

讀書

영혼의 交接.

쪽이 넘어갈 때마다
그 사람은 영혼의 옷을 벗는다.

내 영혼의 혀로
그 사람 영혼을 핥는다.

내 혀가 지날 때마다
그는 자지러진다.

지식이 내면화 되어

드러난 생식기의 말초감각보다
더 예민한 감각으로 우리는 하나가 된다.

사람이기에,
사람으로서 느끼고 가질 수 있는

정점의 ecstasy.

그것으로
시작되는 태어남의 기약.

동백

눈 내리는 때
소복이 쌓인 눈 속에서
하얀 얼굴에
붉은 색 입술로 웃음 짓는

너의 아름다움이여.

비 내리는 때
떨어지는 빗줄기에서
떨리는 표정에
붉은 색 입술로 고백하는

너의 순정이여.

맑은 때
쏟아지는 햇살 아래에서
단아한 얼굴에
붉은 색 입술로 입맞춤하는

너의 순결함이여.

바람이 불어
붉은 한 송이 떨어진다.
순결, 순정
그리고 진실의 그것처럼.

혈흔 자국이 뚝뚝 이어진다.
처음의 자국처럼.

타오르는 불처럼.

눈 내리는 때
웃음 짓는 너의 아름다움이여.

비 내리는 때
고백하는 너의 순정이여.

맑은 때
입맞춤하는 너의 순결함이여.

붉은 입술을 가진 그대여…….

된장찌개

콩으로 빚어빚어
메주로 계절을 뛰어 넘어
찬바람 더운 바람

모두 견디며 걸려 있다.

한 숟가락 물에 풀어
보글보글 끓는 속에
양념 형제와 같이 한다.

파, 마늘, 두부, 호박…….

새색시 같은 흰 속살 두부가 떠오르는가 싶더니
맏며느리 같은 호박이 얼굴을 빠끔히 내민다.

가난한 형제들이
얽히고설키어 자듯이
된장찌개 방에서

양념들이 서로 기대거나 껴안으며 어우러진다.

여러 개 숟가락이
오며 가며 찌개 방을
들락거리는 사랑스러움.

어우러짐의 맛과 멋.

대한국인의 모습.

루브르 박물관

한걸음, 한걸음
옮길 때마다
고개가 360도 돌아 어지럽다.

온통 전리품으로 가득 찬
오욕의 공터.

오욕의 공터에서
멋을 찾고,
아름다움을 찾는다.

보석은 장물로 빛나고,
골동품은 도굴로 고귀하게 되는 건가 보다.

한걸음, 한걸음
옮길 때마다
고개가 360도 돌아 어지럽다.

멋과 아름다움의
근원을 잃어 버려

그렇게 또 어지럽다.

말 합니다

계절은 향기로 말 합니다.
시간은 추억으로 말 합니다.
사랑은 느낌으로 말 합니다.
다툼은 의심으로 말 합니다.

당신은 무엇으로 말 합니까?

거짓은 표정으로 말 합니다.
진실은 보이지 않는 에너지로 말 합니다.
지진은 흔들림으로 말 합니다.
쓰나미는 고요함으로 말 합니다.

당신은 무엇으로 말 합니까?

시인은 시로 말 합니다.
가수는 노래로 말 합니다.
화가는 그림으로 말 합니다.
댄서는 춤으로 말 합니다.

당신은 무엇으로 말 합니까?

소나무는 소나무대로
참나무는 참나무대로
버섯은 버섯대로
꽃은 꽃대로
다들 그렇게 말 합니다.

당신은 무엇으로 말 합니까?

먼저 간 제자

맑은 하늘을 봐도
흐린 하늘을 봐도
비 오는 하늘을 봐도

눈물이 흐른다.

춤추는 강물을 봐도
흔들리는 이파리를 봐도
파도치는 바다를 봐도

눈물이 흐른다.

삼십년 간 인연이
한순간의 쓰나미로
덮어진다는 사실에

눈물이 흐른다.

15살 어릴 적 모습과 40대 중반, 지금이
세세히 겹쳐져 아른거림에

눈물이 흐른다.

삼십년이 지나기까지 기다렸었던
보고픈 제자들도 불러 모아 준
그 깊이 있는 성정에

눈물이 흐른다.

하늘을 봐도, 바다를 봐도, 숲을 봐도

그렇게 눈물만 흐른다.

먼지

머무를 곳이라곤
음침하고 조용한 그곳
아무도 찾지 않는 곳

미동도 없는 곳이다.

처음엔 맘모스처럼 큰 동물,
육중한 나무 같은 유기체이기도 했다.

나는 어디든 갈 수 있다.
영혼이 머무는 곳에는 갈 수 없을지라도
유기체가 존재하는 곳에 내가 있다.

네가 정결하다하여 깨끗한 옷을 입고 있어도
그 속에 내가 있다.

네가 피하여 달아나도 어디든
네가 있는 그 곳에 내가 있다.

나는 떠돈다.
역마살이 가득한 내 사주관상.

내 인생은 떠돌이 삶.

명상

보이지 않는 걸 본다.

멈춘 듯 들이켜는 숨.
멈춘 듯 내쉬는 숨.

죽은 듯 살아 있는 형체.
없는 듯 있는 형체.

폐에 찬 공기를 모두 버린다.
들어 찬 생각을 모두 버린다.

신선한 공기를 폐에 가득 들이켠다.
여러 생각을 가득 받아들인다.

그러다가
한 곳에 머무른다.

아무것도 아닌 거다.

변하지 않는 것은 없다.
없어도 아무 문제없다.

그런 거다.
그냥, 그런 거다.

보이지 않는 걸 본다.

명승부

(토니 헌터와 안토니오 실바 경기, 2013.12.07)

5분 5회전
펜타곤 그물망
맹수 같은 두 사람

한번은 넘어뜨리고
한번은 넘어지고
이번은 피를 쏟게 하고
다음은 피를 쏟고

엎치락뒤치락…….

힘을 다 쏟아
헛 발길질 한다.
내미는 주먹이 낙엽 같다.

상처로 피범벅 된 두 사람.

초식동물의 온화함으로 부둥켜안는다.
연인처럼 안고 등을 토닥인다.

극도의 긴장과 절망을 넘어
안도와 희망을 보여 준다.

5분 5회전
펜타곤 그물망
임팔라 같은 두 사람.

패자 없는 두 사람.

물(H_2O)

어려운 곳은 어려운 대로
굴곡진 곳은 굴곡진 대로
모두 보듬고 간다.

산소 형과 수소 동생이
나란히 사랑을 담고 간다.

그 깊은 형제의 우애로.

평탄한 곳은 평탄한 대로
꺾인 곳은 꺾인 대로
모두 보듬고 간다.

산소 형과 수소 동생이
나란히 생명을 담고 간다.

그 깊은 형제의 우애로.

어렵고 힘든 상황이 오고 가도
나란히 잘도 버틴다.

그 깊은 형제의 우애로.

시기하는 곳은 어디나 있다.
미워하는 곳도 어디나 있다.
그렇더라도 견디며 산다.

그 깊은 형제의 우애로.

바람1

남쪽에서 분다.

후쿠오카 감옥에서
순결한 피를 흘리며
시를 사랑했던

청년이 부는 휘파람 소리가 들려온다.

북쪽에서 분다.

드넓은 만주 벌판을 누비던
고구려 사람들의 말발굽 소리,
하얼빈에서 초개처럼
목숨을 내어 놓으려는

독립군 장군의 심오한 숨결소리가 들려온다.

동쪽에서 분다.

태평양 건너
헐벗은 가난을 이겨내고자
사탕수수 밭에서
온 몸을 바친
아버지의 아버지
그 아버지의 아버지

이마에서 떨어지는 땀방울 소리가 들려온다.

서쪽에서 분다.

동토의 내륙으로 쫓겨나
돌 자갈 밭 황무지를 옥토로 개간한
조선 사람들의 곡괭이 소리,
석유와 모래뿐인 사막에
생명의 젖줄인 물길을 만든

건설현장 중장비 소리가 들려온다.

바람이 분다.

동쪽에서
서쪽에서

남쪽에서
북쪽에서

봄에도
여름에도
가을에도
겨울에도

은근히 불기도 하고
세차게 불기도 하며

꺼지지 않고 바람이 분다.

바람 속에 담겨 있는
맑은 영혼,
열정의 영혼,
의기의 영혼,
투지의 영혼.

그 바람을 들이켠다.

지금도
바람이 분다.

수필이 있는 시집

모범답안

저자 / 이종오

가을

바람2

때마다 품는 향기
　　생긴 맛
　　솟는 기운
　　펼쳐지는 멋

그렇게 할 일을 한다.

의무를 다 하며
권리를 찾아

사랑할 줄 안다.

멀리서도 반가워하는 친구.
가까이선 한껏 안아 주는 친구.

슬픔을 슬픔으로 대해 주는 연인.
행복을 행복으로 알아주는 연인.

생각할수록
생각할수록 생각이 깊은 연인.

때마다 품는 향기
　　생긴 맛
　　솟는 기운
　　펼쳐지는 멋

때마다 할 일을 한다.

박장대소

하하하하하

들이마시는 산소 밀도가
점점 높아져 폐가 부푼다.

들락대는 출렁임이
허리케인처럼,
쓰나미처럼
지축을 흔들대는 전율이 솟는다.

단전에서 멈춰 있던
마그마가 활동하고
들여오는 맑은 영혼의 氣와 맞닥뜨려져

우주의 핵인 엔돌핀이 나온다.

속살의 활화산 운동으로
우주가 진동한다.

뭉쳐 모여 단단한 결집력을 자랑했던
암세포 모임이 깨지고 터진다.

지구를 정화시키고,
생명을 순환시키는 토네이도.

건강의 新花.

엔돌핀의 근원.

발가락

좌우 다섯 명이 줄다리기 한다.
언제나 팽팽한 균형의 대가.

작은 형체로
무한대의 무게를 지탱한다.

어떤 때는 엄지 하나로
온 우주를 떠받고 있기도 한다.

열 명의 형제가 언제나 하나.

엄지가 힘들면 약지가 돕고,
검지가 힘들면 중지가 돕는다.

서로 돕는 그 모습이 군대열병보다
일목요연하게 일치 단합된 관계.

숨어서 일하는 생명의 역군.

지극히 겸손한 어둠 속의 빛.

홀대를 받아도
모멸이 심해도
견디며 일어서는

지혜와 용기의 근원.

밤의 축복

조용해서 좋다.
모두라서 좋다.
그리고
나 혼자라서 좋다.

기다려서 좋다.
새벽을,
그리고
아침을
기다리게 해 주어서 좋다.

봄의 그것이라서 좋다.
여름의 그것,
가을의 그것,
그리고
겨울의 그것이라도 좋다.

추억을 생각나게 해서 좋다.

상처를 감싸 안게 해 주어서 좋다.
영원에 놓여서 좋다.
그리고
현재에 있어서 좋다.

친구라서 좋다.
스승이라서 좋다.
그리고
까닭 없이도 좋다.

밤이라서 좋다.

벚꽃봉오리

다시 또
드센 동 장군이
비바람을 몰고 온다.

다물어진 잎 새가
춘 삼월 댓바람에 파르르 떤다.

일제의 눈 비바람에도
독립을 쟁취하겠다는
굳은 마음으로 태극기를 든
17세 꽃다운 대한 처녀의
결연한 두 주먹처럼.

다물어진 잎 새가
만개를 향한 꺾이지 않는 의지를 보인다.

꽃 샘 추위를
동 장군이 눈바람으로 몰고 온다.

다물어진 꽃잎이 겹겹이 옷을 입고도
춘 삼월 댓바람에 파르르 떤다.

열 달 동안 첫아이를 지니고
건강히 출산하겠다는 생각으로
우여곡절을 견뎌 내는
젊은 어미의 불끈 쥔 두 주먹처럼.

다물어진 꽃잎이 겹겹이 옷을 싸매어
만개를 향한 꺾이지 않는 의지를 보인다.

춘 삼월 댓바람에
척박한 가지에서,
가냘픈 가지 끝에서
벚꽃봉오리가 매달려 파르르르 떨고 있다.

병자호란 때 만주로 끌려갔다가
압록을 건너 조국으로 돌아오려는
조선백성의 한 맺힌 회귀의 눈빛처럼.

꽉 다물어진 꽃잎 새가
만개를 향한 산 의지를 보인다.

또 다시
더 드센 동 장군이
눈, 비, 황사, 우박바람을 몰고 온다.

꽉 다물어진 꽃잎 새가
태극기를 든 17세 대한 처녀처럼,
조국으로 회귀하려는 조선 백성처럼,
건강한 첫 아이를 출산하겠다는 젊은 어미처럼…….

결코 꺾이지 않는 의지를 보여주고 있다.

춘 삼월 댓바람에
가지 끝에 걸린 연 분홍빛깔의
벚꽃봉오리가 겹겹이 옷매무새를 여미며 흔들리고 있다.

봄 풍경

한적한 소리가 들린다.

척박한 줄기에서
생명이 움트는 소리.

은근한 소리가 들린다.

뿌리로부터 이어지는
젖줄의 흐름소리.

어울림의 소리가 들린다.

바람과 잎사귀가 서로 열애하는
열정의 소리.

집중의 소리가 들린다.

해산하는 여인의 그것처럼

혼신의 힘을 다 하는 소리.

행복의 소리가 들린다.

잎사귀를 품어 주는 다정다감한
햇살의 속삭임.

봄 풍경엔
집중과 격려와 바라봄의 사랑.
그 아름다움이 있다.

불행한 사람

기준이 자기생각인 사람.
자기생각만이 옳은 사람.
자기 잣대로 상대를 재는 사람.

타인에게 잔소리하려는 사람.
타인을 자기화하려는 사람.

스스로가 정확하다는 사람.
강인하다는 사람.

순리를 인정하지 않으려는 사람.
죽음을 받아들이지 않는 사람.
다름을 모르는 사람.

그리하여
신의 영역을 침범하려는 사람.

비

빗과는 다르다.
빗은 쪼잔한 일을 하지만
너는 통이 크다.

대비는 거친 일을 한다.
굵은 모래도 거침없이 쓸어 제낀다.
자갈도 거침없이 쓸어 제낀다.
아스팔트에서
콘크리트에서

로마 군병처럼,
칭기즈칸처럼
용감무쌍하게 쓸어 제낀다.

수수비는 얌전하다.
숫처녀의 걸음새처럼
걸음마 배우는 돌 된 아이처럼
조심, 조심히

살갑게 쓰다듬는다.

플라스틱 실내 비는
청소년 같다.
때로
대비처럼,
수수비처럼.

너는 시도 때도 없이 일 한다.
시도 때도 없이 할 일이 많다.

대비든
수수비든
플라스틱 실내비든

바람이 있다고 한다.

딱,
한가지
소원이 있다고 한다.

나의 추함, 잘못됨, 어리석음을
쓸어 내고 싶다고 한다.

내 마음 속의 모든 먼지를 쓸고 싶다고 한다.
시도 때도 없이 쓸어버리고 싶다고 한다.

빗물 방울

대지에 떨어진다.
때로
아스팔트,
황토 바닥,
숲 길......

나는 이제 돌아 갈 곳이 없다.

아픔과 상처를 돌 볼 겨를 없이
살기 위해 모든 것을 해야만 한다.

아스팔트에 길을 만들고,
황토에 길을 만들어서

갈 수 밖에 없다.

내가 만드는 첫 길.
내가 만드는 것은 모두가 처음이다.

나로 인하여 꽃이 살고
나로 인하여 풀이 살며
나로 인하여 대지가 산다.

나는 네가 되고
너는 내가 되어

서로 우리가 된다.

우리가 시내가 되고
우리가 강이 되고
우리가 바다가 되는 거다.

우리가 숲을 만들고
우리가 언덕을 만들고
우리가 모든 것을 만든다.

그렇게
우리는 생명의 시작이 되는 거다.

사랑받기 위해 계시는 분

하나님이시다.

나를 사랑하심이기에

언제, 어느 때나
한결같이,
다함없이
사랑하심이니까.

사월의 모습

한적한 소리가 들린다.

척박한 줄기에서
생명이 움트는 소리.

은근한 소리가 들린다.

뿌리로부터 이어지는
젖줄의 흐름소리.

어울림의 소리가 들린다.

바람과 잎사귀가 서로 열애하는
열정의 소리.

집중의 소리가 들린다.

해산하는 여인의 그것처럼

혼신의 힘을 다 하는 소리.

행복의 소리가 들린다.

잎사귀를 품어 주는 다정다감한
햇살의 속삭임.

사월 풍경엔
집중과 격려와 바라봄의 사랑.
그 아름다움이 있다.

사하라

먼지 된 死肉이
향방 없이 떠돌다가
모여진 주검들.

갈증 난 주검들이
그렇게 떠돌다
착지한 호수.

배고픈 메뚜기 떼가
이삭을 먹어 치우 듯

물기를 먹어 치운
악마의 가루 모임.

살아 있다는 것은

고민과 걱정이 함께 한다는 것이다.
잉태되어 살아 있는 아이는 걱정이 없을까?
10대 때의 고민은 아주 작은 것 이었을까?
20대 때의 그것은?
30대 때의 그것은?
그리고
지금의 염려가 과연 그렇게 큰 것일까?

어느 해는 홍수가 크고, 가뭄이 심하고, 무척 더웠었다.
그리고 최근
100년 만의 한파,
수십 년만의 폭설…….

건강하기 위해 존재하는 것들이 있다.
존재하기 위해 필요한 것들도 있고…….

한 방울의 강물로 생존하기 위해
산등성이에서 튀어 나온 물방울은

우리가 미처 생각지도 못한 그 험난한 과정과 시간을 거치면서 지금에 다다른 것이다.

지금의 염려가 과연 그토록 큰 것일까?
　　걱정이 과연 그렇게 높아만 보이는가?
사실,
우리는 지금의 그 무엇보다도
더 어려운 염려와 걱정을 넘어 존재 해 왔으며,
견디어 왔었다.

2011년의 가을.
영혼의 건강을 위해 존재하는 시간이다.
그리고
우리가 존재하기 위해 필요한 시간일 뿐이다.

상처

언제나 그대로 인 것.
언제나 처음.

지금도
그 때 그대로인 것.

상황

놓이고 싶지 않지만
놓여 지더라.

빠지고 싶지 않았지만
빠져 들게 되더라.

헤어나려도
헤어나려도
헤어나려하면 할수록
헤어나지 못하게 되더라.

발목을 잡힌 것도 아닌데
덫에 걸린 것도 아닌데
끝없이 지속 되더라.

처음에는 희미했는데
갈수록
점차로 짙은 그림자 되더라.

그리고선
태초의 구심력으로
원점에 머물러지게 되더라.

색 바랜 가시

죽은 탱자나무 가시는 말을 한다.
누렇게 색 바랜 줄기에서, 색 바랜 가시가 말을 한다.

누구는 붉은색 장미를 보고 아름답다 하고,
노란색 개나리가 예쁘다 하며,
푸르른 소나무를 칭송하지만
죽은 탱자나무 가시는 얼마나 멋스러운가?

장미도 색 바래면 볼품이 없어지고,
개나리도 색 바래면 볼썽사납고,
소나무도 색 바래면 기품 없어지지만,
죽은 탱자나무 가시는 얼마나 멋스러운가?

색 바래서도 잃지 않는 절개, 당당한 기품, 꼿꼿한 초점.
죽은 탱자나무 가시는 사육신을 닮았다.

죽어서도 그렇게 가시 모습 간직한 것이 부럽다.
그렇게 가시로 남아있는 것이 아름답다.

죽어서도 가시가 가시인 것을 말하는 그 아름다움을 갖고 싶다.

색 바랜 내 모습은 또 어떠할까?
살아있을 때 색 바랜 후를 생각하며 사는 것이 진정 용기이다.
살아있을 때 죽은 후를 바라보며 사는 것이 삶의 책임자이다.

죽은 탱자나무 가시는 말을 한다.
누렇게 색 바랜 줄기에서
누렇게 색 바랜 가시가 말을 한다.

나에게 그렇게 또 말을 한다.

설국

사람이 살지 않는 곳
동물도 살지 않는 곳
물고기도 살지 않는 곳
나무도 없고,
꽃도 없는 땅

뭉개 뭉개
푹신한 흰 구름침대 깔려 있고
잿빛 하늘과 맞닿아 있다.

아무것도 생각하지 않는 평온.

그 평온의 나라를
비행하는 새 위에 앉아 순회한다.

설국의 뭉개 화산과
펼쳐진 흰 사막을 보면서
안식의 잠으로 빠져든다.

손

똑 같은 모양이 없다.

여자라고 해서
마냥 부드러운 것도 아니고
마냥 하얀 것도 아니다.

남자라고 해서
마냥 거친 것도 아니다.
마냥 마디가 굵은 것도 아니다.

똑 같은 모양이 없다.

갓난아이라고 해서
마냥 도톰한 것도 아니다.
마냥 살집이 좋은 것도 아니다.

똑 같은 모양이 없다.

살아 온 모습이 다른 것처럼
살아 갈 모습이 다른 것처럼
지금 놓인 모습이 다른 것처럼…….

똑 같은 모양이 없다.

얼굴이 다른 것처럼.
생각이 다른 것처럼.
먼저 죽어 간 사람이나
지금 70억 사람, 모두가

똑 같은 모양이 없다.

주름진 마디의 모양도 다르다.
바닥의 문양도 다르다.
끝의 등딱지도 다르다.
두께도 다르다.
길이도 다르다.

똑 같은 모양이 없다.
그렇게 다른 모양으로
무한대의 생각을 그려낼 수 있을까?

다만,
한 가지 같은 때가 있다.
위급할 때 가장 먼저 나서는

나의 방패.

솔방울

거북이 등딱지 같이
겹겹의 갑옷으로 무장하여

내 팽개쳐도 풀어지지 않는다.

연두색 고운 빛깔로
씨앗의 태교에도
그렇게 애 쓰는 구나.

배란과 산고의 어려움이
얼마나 힘겨웠던지
연두색 거북 등딱지였던 갑옷이

시커멓게 타 들어가 속이 열린다.

기가 빠져 맥이 떨어진 모습으로
구공이 활짝 열려있네.

그토록 절절히 묻어나는
너의 최선이 씨앗을 뱉는다.

족속이 번식 된다.

생명이 시작된다.

시험시간

펜이 움직이는 소리
사각사각…….

숨 쉼도 없는 듯 고요의 시간.

집중하는 그 표정이 다양하다.
태양이 뜨는 것도,
태양이 지는 것도,
또는 그 이외의 자연의 정경도
아름답지만
집중하는 영혼이
더욱 아름답다.

각각 다른 영혼의 색이 모여
그 찬란한 아름다움을 이뤄낸다.

그런 아름다움을 바라 볼 수 있는
극치의 행복한 시간.

쓰레받이(쓰레박)

함석으로 되기도 한다.
플라스틱으로 되기도 한다.
종이로 되기도 한다.

너는 어떤 것으로도 될 수 있다.

흙도 담는다.
물도 담는다.
거친 것도 담는다.
가냘픈 것도 담는다.

너는 뭐든지 담을 수 있다.

삼각형 모양이 되기도 한다.
사각형 모양이 되기도 한다.
사다리꼴 모양이 되기도 한다.

너는 어떤 모양으로도 될 수 있다.

어떤 것으로
뭐든지
어떤 모양으로 바뀔 수 있다.

슈퍼맨처럼…….

그러나
너는 나에게 바람이 있다.

소원이 있다.

나의 진실함을 담고 싶다고 한다.

쓸데없는 것

내 생각.

내 말.

내 행동.

겨울

아버지

나에겐 한분뿐이다.

어떤 일이 있어도
새벽에 자리를 박차고
일터로 향했던

성심 성실했던 아버지.

누구를 속이거나
악심을 품지 않고
오히려 속으면서

어렵게 가족을 지켰던 아버지.

수십 년을 매일 새벽까지
악다구니를 써 가면서
별별 말을 해 대던 아내로부터
자유롭고 싶었지만

결국은 자신을 포기했던 아버지.

불편한 다리로
여러 사람들의 멸시를 한 몸에 받고
외로움과 처절한 싸움의 한복판에서
쓰러질 듯, 쓰러질 듯

삶을 이어갔던 아버지.

몇 개만이 버티고 있던
치아 사이로 질질 흘리며

힘겹게 음식을 삼키던 아버지.

어린 자식의 인격을 생각 해 주시고
하시기 좋은 쓴 잔소리를 마다하신

내가 사랑할 수밖에 없는 아버지.

아버지께서
힘없는 표정으로
나를 지긋이 쳐다보신다.
그리고는
고개를 한번 떨어뜨리셨다가
시급히 바로하시더니
이내 눈물을 흘리시고
숨을 거두신다.

그렇게
아버지는 나의 스승.

아우슈비츠

지평선이 보이는 거대한 땅, 유럽에서
중앙이자 교통의 요지인 아우슈비츠.
그 곳에 거미줄처럼

빼곡하게 연결된 철길.

휘어진 철로가
녹슨 철조망 사이로 늙어 가고 있다.

플랑크톤을 먹어 대던 고래처럼
큰 입을 벌리고 서 있는 붉은 굴뚝.
그 굴뚝 안쪽에 두텁게 쌓여 있는

人油가 기름 때 묻은 석탄처럼 번들거린다.

가둬 놓는 돼지우리처럼
칼잠을 자야하는 나무침상,
이, 벼룩으로 가득 찬 바닥

죽어 가는 사람들의 초점 없는 눈빛이 보인다.

유리창 너머로 산처럼 쌓여 있는
고가의 깨진 안경,
찌그러진 명품가방,
뭉개진 송아지 가죽구두에서

절망하는 사람들의 다급함이 보인다.

아우슈비츠 하늘의 뭉게구름, 새털구름은
죽어 간 유태인들의 절망이 모여 있는 모습.

아우슈비츠 땅의 흙과 먼지는
죽어 간 유태인들의 육신이 뭉쳐 있는 알갱이.

아우슈비츠에서 부는 바람은
죽어 간 유태인들의 긴 한숨 소리.

아지랑이

땅속 저 밑바닥에서
마그마로 데워진다.
겨우내.

혈관을 타고 흐르는 적혈구처럼
대지의 숨구멍으로

이동하는 물방울.

두텁고 척박한 땅 껍데기,
그 무한대의 터널을
쉼 없이 미동하여

무능력한 씨앗의 숨결을 틔운다.

난자를 향한 정자의 그것처럼
온 힘을 다하여
대지를 뚫고 나와

긴 한숨을 내쉰다.

그
긴 호흡으로 대지가 산다.

너는
봄을 알려주는 편지.
갓난아이의 웃음.
시작의 소리.

액자

건물도 가둬둔다.
동물도 가둬둔다.
사람도 가둬둔다.

나도 갇힌다.

보기 좋으나 폐허된 건물
웃고 있으나 죽은 사람
형상은 있으나 소리 없는 동물

나도 움직이지 않는 표정.

산 것을 죽은 것으로
모두 가둬 둘 수 있다.

변함없는 표정, 형상, 풍경
변함없는 그 무엇들…….

너를 만드는 건

소유하려는 욕심, 가둬두려는 집착, 높아지려는 본성.

죽은 네가
살아 있는 그것보다
더 고귀하게 여김 받는 구나.

너는 이제
육체의 가둠을 넘어
영혼도 가둬두는 마력을 지닌다.

연변 블루

북간도 이국의 땅으로 갈 때
고향의 그리움은 부모님 무덤에 묻어 버렸다.

무덤에 묻는다고 잊혀질
그리움은 아니었지만…….

조선족이라는 이유만으로
백의민족 DNA를 갖고 있다는 것만으로
모진 멸시와 고통을 받았다.

내 아버지의 아버지
또 그 아버지의 아버지 모두가
바랄 것 없는 나라를 조국이라고
그토록 값진 것을 죄다 바쳤다.

재물도, 가족도, 목숨도
남아 있는 그 무엇도…….

그렇게 다시 세워진 조국.

그리움을 부모님 무덤에 묻었던 아버지는
그 무덤에 다시 묻혔고

이유도 까닭도 모르는 어린 자식은
묻힌 조상과 아버지의
멸시를 빚처럼 떠안고

이렇게 이국에 놓여 있다.

족속은 같은 말을 하고
같은 글자를 품고 사는 게다.

같은 글자를 마음에 새기고
같은 말을 하는데도

우린, 다른 국적으로 산다.

여보시오.
우린, 세종대왕의 한글과
동고동락하며 같이 사는 조선 사람이외다.

조선말을 하고 조선 글자를 품는다고
받았던 설움은 참을 수 있었지만,

우리를 이국민이라고
무관심으로 방치하는

조국으로부터의 버림받음은 죽기보다 더한 고통이오.

연인

시간이다.

외로울 때도 그는 온다.
기쁠 때도 온다.
내가 어떤 상황이어도 변함없이 온다.
그는 내게 불평하지 않는다.
있는 그대로 내게 온다.

바람이다.

세차게 다가 올 때도 있고,
살며시 기대어 올 때도 있다.
언제나 내 곁에 있다.
그렇게 나를 안아 주며 어루만져 준다.

언제나 변함없이.

계절이다.

봄이면 다정히 온다.
여름이면 뜨거운 정열을 품고 온다.
가을이면 옷깃을 여미며 온다.
겨울이면 쓸쓸함을 숨기지 않고 온다.

그처럼 제 모습으로 온다.

속이지 않고 오는 것.
그 모습 그대로 오는 것.
그것으로 위로를 주고

나를 일깨워 주는 실존

요리

생각을 맛으로 나타낸다.
　　색깔로 표현한다.
　　아름다움으로 드러낸다.
　　냄새로 승화 시킨다.

그처럼 생각을 느낌으로 형상화 한다.

4차원 우주를
3차원 틀로 역 차원 변환.

물리적으로 설명될 수 없는 기이한 현상.

언제나 맛과 느낌이 다른 신묘함.

의자

외로울 때 그가 생각난다.
피곤할 때도,
아플 때도…….

때때로
친절한 그가 등받이를 펼쳐
안락하게 누워있게도 한다.

집에도 그가 있고
밖에도 있다.

그는 변함없이 기다려 준다.

비 올 때도
눈 올 때도
낮이나 밤이나…….

나는 누구의 그 일까?

나도 누구의 그가 될 수 있을까?

이혼

그 먼 길을 돌아
또 그 먼 길을 돌아

지금
여기에 있다.

이제
또 다시
그렇게 먼 길을 돌아
또 그렇게 먼 길을 돌아

누구를
어떻게
만나야 하는지…….

인왕산

벌거벗겨진 머리
바위 틈새를 비집고 나온
어린 소나무가
한국의 기상을 말하고 있다.

메마른 바위껍데기에서
깊이를 측량할 수 없는
뿌리의 끝을 본다.
어린 소나무가 아닌 나이든 소나무를.

얼마나 많은 비바람에 견뎠을까…….
칭기즈칸의 위협,
히데요시의 잔악함…….

잎은 떨었어도
뿌리는 그 속내를 보이지 않고 있구나.

벌거벗겨진 머리

바위 틈새를 비집고 나온
어린 소나무들이
한국의 기상을 말하고 있다.

벌거벗겨진 머리에서
털이 솟는다.
회춘을 한다.

대한민국이 일어선다.

再會

추억으로 염색된 새로움

그리워하다가
그리워하다가
그리움이 아지랑이 되고
구름이 되어
온 몸을 적셔준다.

기약은 없었지만
선약된 마주 봄.

한잔 술에 사랑을 담고
아쉬움을 담고
미더움을 담아

눈을 마주하고
느낌을 마주하며
정담을 나눈다.

네가 있기에 살아갈 이유가 있고
나를 살핀다.

네가 있기에 그토록 멀리 볼 수 있고
지금을 헤아리게 된다.

그리워하다가
그리워하다가
그리움이 아지랑이 되고
그리움이 구름이 되어
온 몸을 적셔준다.

모진 가뭄에 쫓기다 지쳐 그만 두고 싶을 때
네가 있기에 일어서 본다.

추억으로 염색된 새로움

너는 인생의 오아시스.

죽음

갓 태어난 아이가 희미한 눈동자로 본다.
해아의 여린 아이가 순수한 눈동자로 본다.
어린 아이가 순진한 눈동자로 본다.
지학의 청소년이 패기 있는 눈동자로 본다.
약관의 젊은 사람이 자신 있는 눈동자로 본다.
불혹의 사람이 지긋한 눈동자로 본다.
지천명 장년의 사람이 지친 눈동자로 본다.
이순, 종심, 희수, 망구, 망백, 기수…….
노년의 사람이 한 맺힌 눈동자로 본다.

평생 동안 본다.

초가을 비

사랑하는 여름의 입김을
한껏 받아들이어
그림을 그린다.

뭉게구름, 새털구름…….

사랑했던 여름의 땀방울을
소중히 모아모아
가슴에 담는다.

흰 구름, 먹구름…….

미워하지 않았는데,
싫어하지도 않았는데
그리움만 가득 남겨 놓은 채
떠나 간 여름.

사랑함이 눈물 되어 내린다.

그리움이 눈물 되어 흐른다.

사랑함과 그리움이
폭우처럼 쏟아지는 게 아니라
소리 없이,
가슴이 미어질 듯

시나브로 내리고 흐른다.

침묵

조용히 있는 게 아니다.

가만히 듣고 있는 거다.
소리를 내지 않을 뿐
소리를 듣고 있는 거다.

조용히 있는 게 아니다.

영혼의 말씀을 듣는 거다.
바람소리, 물소리, 새소리…….
소리를 내지 않을 뿐
소리를 듣고 있는 거다.

조용히 있는 게 아니다.

마음으로 말하고 있는 거다.
소리를 내지 않을 뿐
대화하고 있는 거다.

인정하는 게 아니다.
생각을 더 하고 있는 거다.

나약한 게 아니다.
싹이 틔어질 때를 기다리고 있는 거다.

포기하는 게 아니다.
더 좋은 기회를 기다리고 있는 거다.

나약한 게 아니다.
강하기 때문에 할 수 있는 거다.

조용히 있는 게 결코 아니다.

태양의 자존심

언제나 너는 그대로 있다.

맑은 날에는 맑은 모습으로,
비가 오는 날에는 그 뒤에서
구름이 낀 날에는 먼발치에서
너는 그대로에 있다.

언제나 너는 그대로 있다.

봄에는 봄과 함께,
여름에는 여름과 함께,
가을에는 가을과 함께,
그리고 겨울에는 겨울과 함께
너는 그대로 있다.

언제나 너는 그대로 있다.

내가 슬플 때나,

기쁘고 즐거울 때나,
혹은
어떤 때이던지
너는 그대로 있다.

언제나 너는 그대로 있다.

터미널 밤 풍경

스멀스멀
여기저기서 기어 온다.

어디에서 기다렸었는지
터미널 앞 주차장에 꽉 차 있다.

부족한 먹이를 놓고
서로 사투를 벌이는 거미처럼
좋은 자리를 차지하기 위해

눈과 몸이 이글거린다.

그러다가
먹잇감이 없어지면
이내 사라지는
black widow처럼

순간에 어디론가 떠나간다.

툰네삽 호수에서

싯누런 황토 빛깔 물줄기.
한참은 썼을 허덕이는 빛바랜 모터 배.
호수를 의지하는 불투명한 삶이 뚝뚝 배어 있구나.
원 달러로 갈증을 해결하려는 여리고도 어린 모자의 목숨 건 뱃길 사투가
50여 년 전으로 시계의 톱니바퀴를 돌려놓는다.
울컥 치솟는 마음 맺힘의 가슴앓이가 정신을 혼미하게 한다.

이념이 무엇이던가?
아니, 이념을 등에 업고 휘두르는 폭압에 우리도 같은 처지 아니었던가?

어린아이의 처량한 눈 빛,
어미의 저린 표정,
십칠팔 세 소녀의 불타는 두 눈동자와 마주하면서
우리네 손은 주머니 속으로, 주머니 속으로 재차 빨려 들었다.
마치 순결을 바친 남자에게 안기고 싶은 여인의 그것처럼.

가난과 외로움은 그것을 겪은 사람만이 알 수 있는 것.
폭압 역시 당해 본 사람만이 알 수 있을 것이 아닌가?

툰네삽 호수의 처절한 아름다움을 지닌 낙조.
태양은 국적이 없다,
달도 이념이 없다.
그처럼 이들은 오직 평화와 자유로 살아 있고 싶은 것이 아닌가?

우리가 이렇듯 당당히 일어선 것처럼,
우리의 옛 친구였던 그들에게
우리의 모두를 주더라도 우리는 그들의 친구임을 말해야 한다.

그래서
어린아이의 눈빛이 맑아져야 한다.
어미의 표정은 풍요로워야 하며,
소녀의 두 눈동자는 희망에 깃들어야 한다.
이들 모두가 우리와 함께 어깨를 나란히 하여 공존 공영해야한다.

호수를 정화하는 붉은 황토처럼,
우리는 그들에게 다시 시작할 수 있는 그것을 아낌없이 주어야할 것이다.

- 툰네삽 호수의 삶들에게 밝은 미래를 기원하면서 -

펜

지긋이 잡힌다.
때때로 거세게 잡히기도 하지만…….

지긋이 부드럽게 잡혀
네게 입맞춤 한다.
내 애무 농도에 따라

우리는 춤춘다.
탱고, 지르박, 왈츠…….

우리의 댄스 자국은
네 살갗 문신이 된다.
호랑이 문신, 뱀 문신, 토끼 문신…….

애무의 흔적은
칼이나 총보다 더 예리하고 강하여

역사를 만들고 권력의 근원이 된다.

우리의 아가페적 사랑함은
매우 오래됐을 뿐만 아니라
입맞춤과 애무는 환상적이어서
농도는 끝없이 깊어지기만 한다.

입맞춤과 애무의 흔적은
두려움을 주고,
즐거움을 주고,

형용할 수 없는 희, 노, 애, 락의 정점에 치닫는다.

너는 충복이다.
입맞춤 하는 대로
애무 하는 대로
언제나 받아들인다.

내가 시도 때도 없이 다가가면
기다렸다는 듯이 반겨준다.

지긋하고 부드럽게 잡혀
네게 입맞춤 한다.

늘 처음인 너.

지금도 우리는 서로를 기다리고 있다.

포도

한 여름 뙤약볕이
무안하게
담요를 뒤집어쓰고
무슨 생각을 하는지…….

미동의 숨을 쉬며
그 따가운 시간을 받아
푸르딩딩
검붉은 피부가 고통을
참아낸 흔적이로구나.

달착지근한 네 속살,
하얀 미소는
그 고통의 시간을 보낸
네 겸손이던가?

입 안에 퍼지는
그 향기에서

네 삶의 맛을 배운다.

네가 잉태한 것으로부터
희망을 본다.

학교

똑같은 상황의 시간이 존재하지 않듯이,
똑같은 모양의 유기체가 존재하지 않듯이…….

모든 게 다르다.

그처럼 다른 것.
그리하여 고유한 절대치를 갖는
무한 생명이 공존하는 곳.

다름을 인정하는 배움 터
다름이 아름답다는 순리를 가르쳐야 하는 곳

내가 먼저 다름이 같음과 공존할 수 있다는 걸
인지해야만 한다.

평화와 공존은 여기서 출발함을 배우고 가르쳐야 하는 곳.

갈등은 존재할 수밖에 없는 실제.

다툼도 피할 수 없는 실제.

갈등과 다툼 속에 화합을 가르치고 배워야 하는 곳.

똑같은 빛이 부존하듯,
똑같은 마음이 부존하듯

劃一이 止揚되어야만 하는 절대가치의 배움터.

그렇게 지켜져야 할 생명.

행복과 자유

온다는 말도 없이 다가오는 바람.
간다는 말도 없이 떠나가는 바람.

펴진 곳을 굽은 듯 흐르는 물.
굽은 곳을 펴진 듯 흐르는 물.

순리는 따르는 그들은
얼마나 행복할까?

머무르는 듯 양보하는 계절.
가지를 위해 죽어 가는 잎사귀.
줄기를 위해 쉼 없이 노력하는 뿌리.

존재를 인정함으로 사랑을 말하는 태양.
영역을 침해하지 않는 것으로 사랑을 받아들이는 달.

순리를 받아들이고 의지하는 그들은
얼마나 자유로울까?

행복은 어디에 있는가?
지금 우리 앞에 있음에도,
우리는 행복을 갈구하고 찾아다닌다.

순리를 따름에 행복이 있음을
순리를 받아들임에 자유가 있음을
행복한 자들은 안다.

우리는 무엇인가?
흐르는 물에 떠 있는 잎사귀.
바람에 날리는 먼지.
스스로를 안다는 것이 행복의 근원.

걱정과 근심의 시작은 무엇일까?
염려와 시기의 처음은 무엇일까?
인정하지 않고,
받아들이지 않음이
결국, 행복하지 않음의 시작인 것을…….

행복함

슬픔의 방울이 모여든다.
기쁨의 방울이 모여든다.
어려움, 즐거움…….

그 여러 방울이 모여

집중하는 슬픔의 시간,
집중하는 기쁨의 시간,
어려움, 즐거움…….

집중으로 그 모두가 모여
열정을 만든다.

열정은 저 끝의 마그마.

슬픔과 기쁨
어려움, 즐거움이 뒤 섞여
마그마가 분출한다.

그것이 행복.

허욕

막내 동생이 찾아왔다. 벌써 30대 중반이 됐는데도 불구하고 원룸, 고시원, 기숙사를 전전하며 몇 개월을 버티지 못하고 일터를 자주 바꾸는 동생. 조직사회에서 사회성이 얕아 마음고생이 많은가 보다. 혼자 살고 싶다고 한다. 혼자 살려면 더 큰 능력이 필요할 텐데…….

혼란스런 마음으로 생각이 허공에 떠 있는데, 처음 보는 사람이 물건을 소개한다. 가격이 매우 높은데도 싼 값에, 그것도 어렵게 파는 것이라며 장황한 설명을 한다. 나도 모르게 장사치에게 마음이 빼앗긴다. 허욕이 생긴 거다. 그것이라도 있어야 허공에 뜬 생각이 가라앉지…….

나이든 분들이 장사치의 말에 마음이 빼앗기는 거, 장사치에게 마음이 붙잡히는 거를 알게 됐다.

나도 이제, 노인이 되었나 보다.

수필이 있는 길목

가을의 문턱

문턱 중에서는 과거 은행의 문턱이 제일 높은 곳 중의 하나였다고 기억된다. 문턱이란 어떤 곳에서 또 다른 어떤 곳으로 이동을 위해 필연적으로 넘어서거나 건너야할 곳을 의미할 것이다. 선택이 아닌 필수적 요소라서 우리는 문턱을 앞두고 잠시의 준비나 조정을 필요로 한다. 그것이 의도적이든 혹은 무의식적이든 그럴 것이다. 적응을 위한 본능적 움직임을 한다는 것이다. 살아남기 위한 그런 것들…….

그래서 그런 움직임들 - 행동적 혹은 마음 등 일련의 모든 것들 - 이 적나라하게 보여 지는 때가 여러 군데 있지만 그중에서도 죽음의 문턱이 가장 그런 것 중의 하나일 것이다. 죽음은 그래서 문턱 중의 문턱이다. 문턱을 잘 넘은 사람은 주변의 지인들에게 한턱을 내는 관습이 있다. 주변 사람들과 함께 기쁨이나 위안을 같이 하고자 하는 배려일 것이다.

그런데 죽음의 문턱을 잘 넘은 사람들은 과연 다른 사람들에게 어떻게 한턱을 낼 수 있을 것인가? 죽음의 문턱을 잘 넘었다는 것은 잘 죽었다는 것을 역시 의미한다. 잘 죽었다는 것은 뭘까? 그 대표적 사건이 예수 그리스도의 죽음이다. 그는 자신이 죽기 위해서 온 것을 스스로가 너무도 잘 알고 있었던 것이다. 그리고 그는 그가 바라던 대로 그렇게 죽었다. 그래서 그는 잘 죽은 것이다. 예수님 이외에 어떤 사람도 스스로가 바라던 대로의 죽음을 이룬 사람은 없다. 그는 그 죽음의 문턱을 완전히 잘 넘어서 주변의 모든 사람에게 - 예수님과 관계된 모든 사람들 - 그야말로 한턱을 냈다. 이 세상에서 어느 누구도 낼 수 없는 전무후무한 기쁨과 위안을 같이 하고 있는 것이다. 그것을 복된 소식 - 줄여서 복음, 정확히 말하면 그리스도의 복음 혹은 예수님의 복음 - 이라고 한다.

그 반면 중국의 진시황은 죽음의 문턱을 제대로 넘지 못했다. 그는 죽음의 문턱에서 참으로 비굴한 모습을 보였으며 그처럼 보잘 것 없고 나약했던 자신을 말했다. 그는 그렇기 때문에 인생을 진실이 아닌 가식과 위선으로 가득 채운 사람들을 대표한다. 우리는 어떤가? 과연 어느 쪽인가? 우리는 결코 죽음을 피할 수 없다. 반드시 넘어야할 문턱인 것이다. 나는 묻고 싶다. 태어난 것이 준비 없이 이루어진 것이라서 태어난 것에 대한 핑계를 댈 수 있다고 할지 모르겠으나 죽음은 각자가 준비할 시간이 있다. 문턱에서 당황하지 말고 미리 준비하면서 살자. 꼼꼼하게 따지고 세밀하게 - 자신이 갖고 있는 모든 역량을 모두 다해서 - 분석해서 준비해야 한다. 그래서 충동적 구매로 후회하는 어떤 주부의 어리석은 모습을 닮지 말아야 할 것이다.

오늘 개학했다. 그리고 이제 가을의 문턱에서 우리들의 삶을 생각해 본 것이다. 겨울을 맞이하기 위해 넘어야할 가을의 문턱은 어떤 사람에겐 힘겨울 수가 있을 것이고 어떤 사람에겐 즐거울 수가 있을 것이다. 그것은 봄과 여름을 어떻게 보냈느냐에 따라 결정되는 것이며, 각자의 책임이다. 어느 누구에게도 핑계를 댈 수 없을 것이다. 만약 가을의 문턱이 힘겹다면 겨울에는 웃을 수 있도록 다시 일어서는 용기를 갖자.

인생은 프로이다. 아마추어로 인생을 사는 사람은 없다. 만약 그런 사람이 있다면 참으로 어리석은 사람일 것이다. 프로는 언제나 어떤 조건에서나 살아남는 사람이며 끊임없이 자기 스스로 다시 일어서는 사람이다. 산 속이나 들판에 피어있는 잡초도 역시 프로이다. 그들은 항상 스스로 씨를 뿌리고 헤쳐 나가고 일어선다. 그래서 그 큰 나무들이 아무리 햇빛을 가리고 홍수가 나며 가뭄이 심해도 그들은 또다시 살아남는 것이다. 너희들이나 나도 사는 것이 잡초처럼 어렵고 힘든 것은 비슷할 것이다. 그러나 프로는 어려운 것을 즐기는 도전정신이 풍부한 사람들이다. 지금의 어렵고 힘든 것에 굴복하는 비굴함을 떨치고 프로 근성으로 용기 있는 우리들이 되자!

갈대 단상

갈대는 初겨울 때가 더욱 優雅하다. 가을걷이가 모두 끝난 논바닥을 뒤로하고 논둑에 우뚝 걸쳐있는 갈대는 무리지어 있을 때도 멋있고 혼자 있을 때에도 보기 좋다. 특히, 무리 지어 있을 때는 謹嚴하기까지 하다. 갈대가 夕陽을 받을 때는 잘 다듬어진 창을 내세운 것처럼 勇猛스럽다. 이따금씩 바람이 불 때면 흔들거리는 갈대 무리는 對抗하는 民草들이 모두 모인 것처럼 意味 있는 몸짓을 하곤 한다.

갈대의 생김을 보면 머리 쪽이 너무 무거워 보인다. 그 만큼 몸체가 가늘고도 길다. 흔들려서 角度가 커질 때면 다시는 못 일어날 것도 같은데 잘도 일어난다. 심한바람이 불 때에도 그렇다. 강하고 단단한 나무는 부러지지 않을 것 같으면서 부러지기도 하는데 갈대는 영 부러지지 않는다. 아니, 넘어지지 않는다. 外形像으로 보면 얼추 조금의 바람이 불어도 그만 망가질 것 같은 그 形象인데 그는 견딘다. 그래서 갈대가 매력 있는 가 보다. 잘 생기지도 않고 强忍해 보이지도 않는 것이 멋있고 彈力 있으며 잘 견딘다. 華麗한 꽃도 아닌 것이, 든든한 나무도 아닌 것이 꽃보다 화려한 멋이 있고 나무보다 든든한 성품이 있다. 바닷가에 있던, 논둑에 있던, 산 속에 있던 어디든지 어울리는 갈대는 그래서 더욱 매력이 있는가 보다.

이른 아침의 갈대는 부지런한 모습으로 보인다. 보초병이 경계를 서는 것처럼 꼿꼿하게 서서 주변을 지키고 보살피는 이른 아침의 갈대는 근면한 아비의 모습과도 같다. 한 낮의 갈대는 끈기와 참을성이 좋은 모습으로 보인다. 그렇게 따가운 태양 빛이 내리쪼여도 갈대는 지치지 않는 체력으로 견디는 철인 경기의 승리자처럼, 오만하게 버티는 절개 있는 여인처럼 순연하게도 보인다. 해질 때쯤의 갈대는 죽음을 앞둔 열사의 모습과 같다. 그 때의 갈대가 보여주는 근엄함은 죽음을 두려워하지 않고 죽음 앞에서도 항상 그래온 것처럼 떳떳한 사람의 눈빛과도 같다. 석양에 비친 갈대의 몸짓은 먹이를 노리는 독수리나 사자의 눈빛과도 같다. 그러니까 갈대는 하루 종일 살아 있고 멋있으며 매력적이다.

사람들은 때때로 소나무 같은 사람, 장미 같은 사람을 예찬하기도 하지만 나는 갈대의 멋을 알고부터는 갈대와 같은 사람이 지극한 멋이 있을 거라고 생각한다. 외면의 아름다움이 없기에 겸손할 수 있고 내면의 견딤이 있기에 믿을 수 있는 그런 갈대와 같은 사람이 좋다. 어디든지 어우러지고 어떤 자리에서도 자기의 멋을 지킬 수 있는 사람. 불균형인 것처럼 보이면서 어떤 상황에서든 규모 있고 균형 잡힌, 자기를 잃지 않는 사람은 분명 갈대의 여유를 갖고 있을 것이다.

나는 이런 갈대를 닮은 사람을 만나고 싶다. 갈대와 같은 사람……. 나는 또한 갈대와 같은 사람이 되고 싶은 것이다. 갈대가 무리 지어 있는 것처럼 갈대와 같은 사람이 무리 지어 모여 있다면 참으로 살기에도 좋을 것이다. 겸손하면서도 믿음이 있는 그런 전통을 지키고 사는 동네. 생각만 해도 장수할 것 같은 동네이다.

건강 비결

사람들은 건강을 위해 여러 운동을 한다. 골프, 헬스클럽, 마라톤, 등산, 테니스……. 그렇게 해서 근육을 키우기도 하고 좋은 몸매를 유지하기도 한다.

일전에 대학교수로 재직하면서 능력이 있어 사업체를 운영하는 CEO 이시기도 하신 분이 아프게 되었다. 연세가 60이 넘으심에도 불구하고 하루에 윗몸일으키기-일명 푸시 업-를 100개씩 꾸준히 하시는 것을 자랑 삼아 말씀하시기도 했다. 실제로 그 분의 근육은 매우 탄탄해서 보기에도 멋이 있었는데 쓸개도 제거하게 되었고, 눈의 상태도 나빠져 그만 건강이 좋지 않게 되었다.

절친하게 지냈던 초등학교 동창이 있었는데 이 친구는 사업을 하면서 골프를 즐겨하는 건강미 있는 친구였는데 수출이 잘 되어서 며칠 동안 밤새 일을 하다가 어지러움 증이 있어서 병원 진료 받은 결과가 뇌경색으로 나타나 앓게 되었다.

우리가 주변에서 이런 사람들을 심심치 않게 볼 수 있는 근거는 무엇일까? 건강을 위해 그렇게 시간을 투자하고 노력을 하는 데 결과

적으로 심각한 딜레마에 빠지는 이유가 뭘까?

사람이 심각한 질병을 앓게 되는 것은 겉 근육의 강함과 약함이 아닐 터. 혈관과 내장의 기능일 것이다. 뼈가 부러지거나 근육이 파열되는 것들로 심각한 질병을 초래하기 보다는 위장, 십이지장, 췌장, 뇌혈관, 심장혈관 등의 정상적이지 않은 일들로 심각 해 지는 것이다. 그래서 건강에 관심이 많은 사람들은 아스피린을 복용한다든지, 건강보조식품을 찾기도 한다. 과연 그런 음식물의 섭취로 심각한 질병을 피할 수 있을까?

심각한 질병의 근원은 스트레스일 것이다. 사업을 번창시키려는 욕심, 돈을 더 벌려는 마음이 앞서서 영혼의 평정을 우선하지 않는 생각.

건강의 비결은 행복함을 잃지 않는 것이라 본다. ◎아가서 얻어 내고, 소유하는 것이 행복함인가? 행복함은 찾아지는 것이다. 그리고 누리는 것이다. 우리가 겸손할 때 행복은 발견되는 것이라 본다. 한편의 시를 통한 영혼의 평안함, 참다운 독서로 스스로를 돌아 볼 줄 아는 현명함. 그리고 그런 것들로 지혜가 쌓여 다른 사람의 행복함을 앞서 생각하는 다정한 행동이나 마음 씀으로써 받는 행복이 아니라 주는 행복을 통하여 행복함을 알게 되는 것이 건강의 비결이라 본다.

우리 몸의 내장과 혈관은 마음이 평안할 때 강해진다. 이런 현상은 우리들이 잘 알고 있는 사실일 것이다. 건강하길 바란다면 아무리 바쁘다고 해도 영혼의 평안을 선물하는 한편의 시. 겸손함을 깨닫게 해 주는 한권의 독서를 하는 데 공을 들여야 할 것이다. 그래야 여러 운동이 효과가 있게 될 것이다. 건강하게 장수하는 사람들을 주의 깊게 관찰하면 그들이 행복함을 찾아내서 누렸던 사람들이라는 것을 발견할 것이다.

건강의 비결은 영혼의 평안함과 겸손.

남유럽(스페인, 포르투갈과 모로코)여행기

서유럽과 동유럽을 여행했지만 남유럽의 스페인이나 포르투갈에 대한 호기심은 늘 남아 있던 차에 좋은 기회가 돼서 여행할 수 있게 되었다.

인천공항은 언제나 분주하다. 대한민국의 살아 있는 모습을 보는 것 같아서 올 때마다 기분이 좋은 곳이다. 공연히 스스로가 폼 나는 것처럼 보이기도 하고……

네덜란드 항공은 처음 타 보기에 호기심도 있었다. 서유럽, 동유럽 사람들과 어떻게 다를까? 하는 그런 생각이 여행의 출발을 앞 당겼기도 했다. 한편으로는 국적기인 대한항공을 타지 않은 것에 대한 미안함과 외항이기에 걱정스러움이 앞서기도 했다. 그건 한국사람, 특히 내가 갖고 있는 이상한 애국심이기도 하고 우리나라 조종사가 실력이 더 좋다는 나 혼자만의 확신적 생각, 그리고 혹시 사고가 나면 손해를 보거나 일처리가 잘 안 되는 것은 아닌가? 하는 별로 쓸데없는 것들이 한데 뭉쳐서 이번 여행 출발 전에는 여행에 대한 기대감과 걱정스러움이 뒤섞여 기쁨과 함께 뒤숭숭했다. 사고가 나면 죽었을 테고 항공사는 이윤을 목적으로 하는 기업일 뿐이라는 것을 잘 알고 있으면서도……. 생각 해 보면 나는 웃기는 사람이다.

네덜란드라고 하면 '헤이그' 가 생각난다. 구한말 고종황제의 밀명을 받고 일제의 강압으로 된 을사늑약의 부당함을 전 세계에 알리려고 했다가 목숨을 버린 이준 열사가 생각났다. 나라가 어려우면 백성이 모진 고생을 하게 된다. 최근의 국제정세도 만만치 않다. 주변의 강대국들은 그들의 이익을 추구하기에 우리는 그 때보다도 더욱 주의를 기울여야 할 것이다. 풍차와 튤립이 유명한 나라, 축구감독인 히딩크로 우리나라와 인연이 닿은 나라. 이런저런 생각을 하면서 이번 여행의 처음 기착지는 암스테르담이라고 하는데, 거기엔 뭐가 있지? 하는 막연한 생각으로 비행기를 탔다. 11시간의 비행이 별로 어렵지 않았던 것은 영화를 보다가 졸다가, 음악을 듣다가 졸다가 하면서 습관적으로 시간을 즐겼기 때문이기도 하다.

암스테르담에 도착해서 2시간 정도를 기다린 후 비행기를 갈아타고 포르투갈의 리스본 - 포르투갈에서는 '리스보아' 라는 지명을 사용하는 곳 - 으로 갔다. 리스본까지 3시간 정도의 비행에서는 이때껏 여행하면서 볼 수 없었던 아름다운 야경 - 크리스마스트리 전구를 뿌려 놓은 것 같은 육지의 가로등 모습, 그리스도가 팔을 벌리고 있는 모습 - 은 이번 여행에 대한 기대감을 더욱 자극 시키는데 충분했다. 비행기에서 본 아름다운 육지 모습이 지금도 눈에 선하다. 리스본에 도착해서 드디어 남유럽에서의 첫 밤을 지냈다.

포르투갈

정식명칭은 포르투갈공화국(Portuguese Republic)이다. 이베리아반도의 본토 이외에 대서양의 아조레스 제도와 마데이라 제도를 영

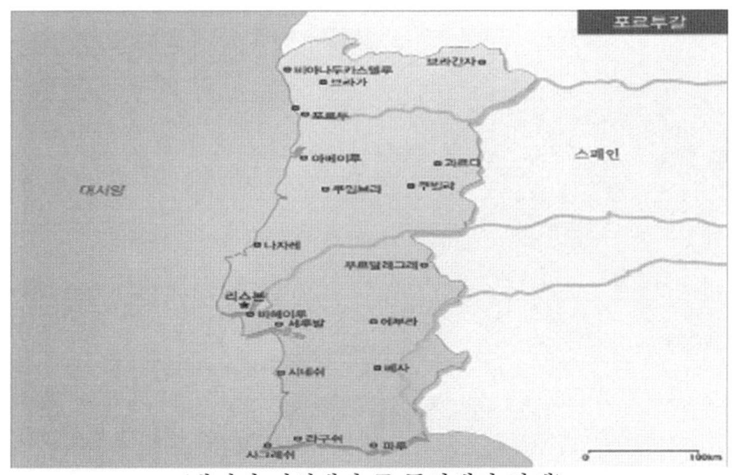

(네이버 지식백과 중 두산백과 발췌)

토로 한다. 1974~1975년에 아프리카의 기니비사우 · 모잠비크 · 카보베르데 · 상투메프린시페 · 앙골라가 잇달아 독립하고, 1976년 동(東)티모르가 인도네시아에 병합되었으며, 1999년에는 마카오가 중국에 반환되어 총면적 209만㎢에 이르던 전성기의 해외 영토가 대폭 축소되었다. 지중해 · 북서유럽 · 아프리카 · 아메리카의 네 지역을 잇는 해상교통의 결절점(結節點)에 위치하여 '지리상의 발견' 시대에는 에스파냐와 더불어 큰 역할을 하였지만, 오늘날에는 유럽의 후진국으로 전락하였다. 국명은 국가 형성에 중요한 역할을 한 도시 포르투(오포르토)에서 유래했다. 행정구역은 18개주(distrito), 2개 자치지역(regiao autonoma)으로 되어 있다. (네이버 지식백과 중 두산백과 발췌)

'포르투갈' 하면 생각나는 것은 월드컵 때 활약을 많이 했던 선수들이 생각나고 강인한 모습의 사람들이 생각났었는데 막상 와 보니 그건 아니었다. 척박한 땅과 생활의 어려움이 곳곳에 보였다. 더군다나 최근 유럽 대륙의 경제적 어려움은 더욱 심해져서 관광객의

('까보다로까' 표지판에서)

물건을 훔치는 것은 다반사이고 차량의 유리창을 부수면서까지 도둑질은 물론 호텔로비에서의 짐까지 무분별한 절도 사건이 많다고 한다.

포르투갈의 과거를 잠간 생각해 보면 내륙으로는 스페인과 영국 등의 강대국에 밀려 결국 바다를 개척할 수밖에 없었던 나라, 그로 인하여 바다를 통한 강인한 함대를 소유했던 나라. 육지의 끝 - 까보다로까 - 이라는 말로 스스로에게 위안을 받으며 살아 왔던 나라였으며 그 당시엔 포르투갈이 해상에서 경쟁력이 강한 나라였기 때문에 어린 나이임에도 불구하고 포르투갈에서 항해의 교육과 훈련을 받은 콜럼버스 - 스페인에서는 '콜롱' 이라고 부르는 신대륙 발견자 - 가 신대륙 발견을 위해서 출발했다는 곳도 '까보다로까' 였다.

그 '까보다로까' 에서 대서양을 바라보니 감회가 깊었다. 작고 가난했던 우리나라에서 별 볼일 없는 내가 이렇게 유럽의 최서단인 '까보다로까' 까지 온 것은 그만큼 우리나라가 강대해 졌고 부유해 졌다는 것 아닌가? 중 · 고등학교 시절엔 막연히 세계에 대한 동경을 했지만 그것이 이렇게 이루어지는 것을 보니 어찌 감회가 새롭지 않을 수 있을 것인가? 역시 여행은 해 봐야 그 맛을 알 수 있는 것이다. 이렇게 스스로에 대한 뿌듯함을 느끼며 사진도 열심히 기분 좋게 찍었다. '까보다로까' 와 '리스본' , 유네스코 문화유산인 '제르니모스 수도원' , '벨렘탑' , '에두아르도 7세 공원' , '로시우 광장' , '신트라 구시가지' , '파티마 대성당' , 비제의 '칼멘' ,이나 '세빌리아의 이발사' 로 유명한 세비아는 스페인 남부 지역에 있는 도시로 스페인 영역 내에 있지만 스페인이길 거부하고 '플라맹고' 춤을 즐기는 '집시' 들이 모여 사는 곳. 집시들이 모여 사는 집장촌인 세비아 시내관광, '세비아 대성당' 은 세계 3대 성당 중 하나인 성당으로 성당 공간은 세계에서 제일 크다고 한다. 이 성당은 성당에 기부한 사람에게 성당 내에 따로 개인공간을 제공하여 살아 있을 때 예배를 따로 드릴 수 있게 했고, 사후에는 뼈를 묻을 수 있게 하여 천국의 복음을 돈으로 사고파는 중세시대의 타락을 볼 수 있었다. 그런 개인 공간이 많은 것으로 보아 성당 기부금을 대단히 많이 받은 것으로 보였다. 저녁에는 집시들이 추는 '플라맹고' 춤을 관람하러 갔다. 말로만 듣던 '플라맹고' 춤을 본토에서 관람할 생각을 하니 마음도 뿌듯했지만 공연석이나 무대가 영 좋지 않고 엉망이라 실망했다. 댄서들의 표정이나 열정에 비해서 관람석에 대한 배려는 너무 미흡했다. 그처럼 스페인의 경제 상황은 좋지 않았다. 이렇게 모로코로 가기 위해 스페인 남부지역을 지나면서 1박을 했다.

포르투갈 블루

배수의 진을 친 나라.
대양을 지배했던
해상 강대국.

'리스보아' 한 복판에
덩그러니 남겨진
빈 건물이
너의 슬픔을 보여준다.

아버지의 아버지부터
강탈과 약탈로 빼앗아 온
힘없던 다른 집의
귀중한 보물이
아낌도 받지 못한 채
거리에 나 뒹굴고 있다.

침략을 그리워하는 모습이
곳곳에 드리워 있는
에드워드 공원에서
마른 침을 삼켜본다.

교만과 거만의
폭력적 야만은
후손의 고통이라는
심각한 질병으로 돌아왔구나.

모로코

정식명칭은 모로코왕국(Kingdom of Morocco)이다. 수도는 라바트이며, 공용어로는 아랍어를 사용한다. 지브롤터 해협을 사이에 두고 유럽의 이베리아 반도와 접하고, 북쪽으로는 지중해, 북서쪽으로는 대서양에 면한다. 동쪽과 남동쪽으로 알제리와 접경하며, 남서단은 서(西)사하라와 국경을 접한다. 지중해 연안에는 에스파냐의 속령인 세우타와 멜리야가 있다. 행정구역은 15개의 지역으로 나뉘어지는데, 모로코는 이 15개 지역 외에 서사하라 내부에 완전히 포함되는 Oued Eddahab-Lagouira 지역도 영토에 포함된다고 주장하고 있다. (네이버 지식백과 중 두산백과 발췌)

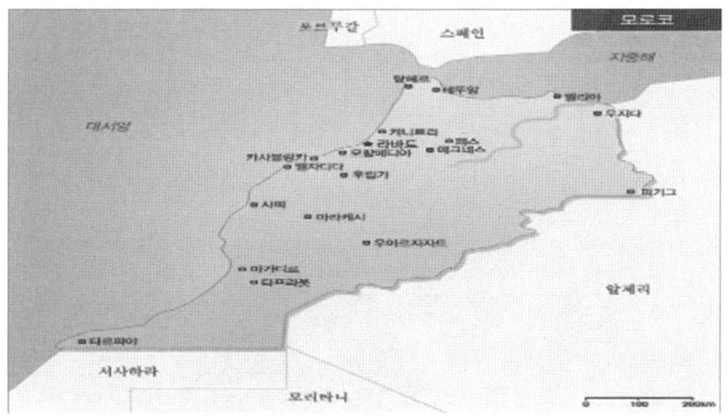

(네이버 지식백과 중 두산백과 발췌)

(근대투우의 시조 '론다' 시에 있는 투우장과 절벽 위의 집장촌)

포르투갈 여행을 마치고 북아프리카 진주라고 하는 '모로코'로 출발하기 위해 스페인 남부지역인 '론다' 시와 '누에보다리'를 지났다. '론다' 시로 들어가기 위해 버스가 안개 낀 산길을 구불구불 운행하는 것을 보자니 첫 발령 받은 때가 생각났다. 31년 전, 흙먼지를 낡은 트럭에서 나오는 매연처럼 쉼 없이 뿜어 대면서 구불구불 힘들게 2시간 동안 가서 도착했던 곳. 하늘이 5천 평 ,땅이 3천 평처럼 움푹 파인 분지 모습에서 군대막사 같았던 건물이 덩그러니 보였던 산골 근무지가 생각났다……. '론다' 시는 빨강 망토를 들고 서서 드센 투우를 칼로 죽이는 형태의 근대투우 시조인 도시며 스페인 내전을 피해서 100m 높이의 깎여진 절벽 위에 형성 된 도시이기도 하고 '누에보다리' 가 있다. 스페인 내전 때 종군기자로 활동했던 '헤밍웨이' 의 산책길도 걸어 보았다. 생전에 좋은 작품을 많이 써서 지금 껏 많은 사람들에게 감명을 주고 있는 '헤밍웨이' 를 생각하면서 '황금의 탑' , '미하스 전경' 등을 여행하며 아프리카 대륙으로 들어가는 관문인 '타리파' 로 이동했다.

상상만 해 왔던 지중해의 멋진 광경을 보려고 했지만 아쉽게도 비가 오는 바람에 볼 수가 없었다. '타리파' 와 아프리카 북부 항구 도시인 '탕헤르' 간은 페리편이나 대형 철선 - 대형 컨테이너를 많이 싣고 가는 배 -을 이용하여 이동하는 데 거의 날씨가 고르지 않다. 바람이 40㎞/h미만일 때는 페리편으로 이동할 수 있고 시속40㎞/h 쯤 될 때는 선장이 판단해서 페리 운행을 결정한다고 한다. 그리고 더 강한 바람이 불 때는 모든 배 운항을 중단한다고 하는데 문제는 날씨가 매우 좋지 않은 때가 많다는 것이어서 여행자들의 불편이 많다는 것이다. 유럽대륙과 아프리카 대륙과의 여행은 그들이 사는 모습이 다른 만큼 아니 그 이상으로 매력 있다고 생각했다.

'타리파' 에서 비가 오는 가운데 열심히 사진을 찍는 즐거움에 빠져 결국은 갖고 간 우산을 잃어버리게 되고 모로코의 '패스' 에서 상당한 고생을 하게 된다.

다행히 날씨가 괜찮아서 페리로 '탕헤르' 에 갈 수 있었다. 모로코 사람들은 우리나라의 60年代처럼 어렵고 가난한 사람의 특징인 기회를 잃게 되는 두려움이 행동으로 나타나는 무질서가 생활로 습관화 된 모습을 보이고 있었다. 일명 '새치기' 가 버젓이 등장하는 것을 보니 또 감회가 새로웠다.

지중해와 대서양이 맞닿아 일으켜지는 바닷바람이 참, 좋았다. 우리나라의 동해나 서해 그리고 남해에서 부는 그 바람의 맛과는 다른 새로운 바람의 맛을 느낄 수 있었다. 한참 동안을 그렇게 배의 이층으로 혼자 올라가서 지중해와 대서양이 연결되는 지브롤터 해협의 맛을 온 몸으로 느끼고 보니 이번 여행이 더욱 의미 있는 여행이 될 것이라는 것을 직감이 오기도 했다.

그렇게 '탕헤르' 로 와서 1박을 했고, 그 이후로 짧은 2박3일의 '탕헤르' , '패스' , '카사블랑카' 의 삼각 구도 모로코 여행 기간이었지만 모로코에 대한 연민의 정을 잊을 수 없게 되었다. 아프리카 대륙에 있는 이집트를 4년 전에 여행 한 때가 있었는데 모로코처럼 마음이 아프지는 않았었다. 아직도 왕궁이 있는 나라. 왕궁과 핫산 탑, 모하메드5세의 묘가 멋있고 찬란한 모습을 보이고 있는 만큼 살아있는 모로코 사람들의 슬픔과 생활 고통은 심해지고 있었다. 특히 모로코 젊은 청소년들의 모습은 나로 하여금 잠을 이룰 수 없게 하는데 충분했다. 9,000개의 골목으로 이뤄져 있다는 '패스' 를 여행할 때는 비가 더욱 세차게 왔다. 가뜩이나 좁디좁은 골목에다가 비가 오니까 우산을 받으면 마주 오는 사람과의 통행이 여간 불편한 게 아니었다. 가죽이 좋다고 해서 어떻게 하나쯤 건져 볼까? 했는데 결국은 건지지 못했다. 역시 여행은 여행으로 충분하다고 생각해야지 거기서 물질적 이득을 얻겠다는 생각 자체가 잘못 된 것이라는 것을 또 알게 되었다. 천연 염색장이 있어 이상스런 냄새가 곳곳에 배어 있는 '패스' 가 여행자들에게 호기심의 장소 일지 모르겠으나 그것이 모로코 사람들의 생활 터전이라고 생각한다면, 나의 생활 터전이라고 생각한다면, 일평생을 거기서만 살게 된다면 어떤 생각이 들었을까?

모로코 블루

북부 아프리카에서
옥토를 보유한 너.

왕이 사는 곳은 잘 정비된 선진지.
왕을 위해
조련되는 말 훈련 터의
금잔디는 양귀비의 머릿결.

왕의 묘지는
태양에 비치는
질 좋은 침대 실크커버처럼
창연히 빛난다.

1유로를 향한
어린아이들의 구걸과
허덕이는 삶의 애환은
왕의 말발굽에 묻은
똥보다 못하구나.
삶에 허덕이는
국민들의 움푹 파인 눈빛은
어설픈 종교에 묻혀 지는가?

드넓은 옥토가 잠자고 있다.

옥토의 주인은
왕과 권력자

비바람 강풍에 펄럭이는
힘없이 낡은 비닐하우스가
찢어질 듯, 찢어질 듯
난간에 기대어 있는 모습이
행복과 즐거움을 잃은
모로코 사람들의
표정처럼 힘들어 보인다.

모로코 젊은 사람

밤거리를 서성이는
검은 피부의 모로코 젊은 여자
5유로로 영혼을 팔기에
주저앉는 그 모습이
60年代 미8군 주둔지역에 있었던
한국 여인네를 생각하게 한다.
개죽음을 불사하고
차량에 숨어들어 밀항을 도모하는
검은 피부 모로코 젊은 남자의 死鬪가
가난을 벗어나고자
독일로 갔던 탄광노무자,
미국으로 갔던 사탕수수밭 노무자,

일본 밀항을 서슴지 않았던
한국 남정네를 생각하게 한다.

모로코 국민들의 슬픔은
그 옛날 우리의 슬픔
모로코 젊은 사람들의 고통은
우리선배들의 고통

모로코는 우리에게 교훈과 가르침을 준다.

모로코의 카사블랑카는 제2차 세계대전 때 유명해진 곳으로 스위스로 탈출하기 위한 거점도시였다. 리스본에서 비행기를 타고 스위스로 가는 길목의 도시. 1942년 제작된 험프리보카트, 잉그리드 버그만, 폴 헨레이드, 주연의 영화인 '카사블랑카' 를 다시 감상하면서 여행의 묘미를 더했으며 카사블랑카에서의 1박은 모로코에 대한 연민의 정을 더하기에 충분했다.

빗발이 세차지는 밤 시간에 성당을 구경하랴, 궁을 구경하랴, 몸과 마음이 분주했고 새벽에 일어나서 어두컴컴한 가운데 핫산 탑 구경하느라 고생 아닌 고생을 했다. 우리 후미의 여행객들이 올 때는 '프랑크프루트' 에 눈이 너무 많이 와서 비행기 이륙이 안 되는 통에 스페인의 '타리파' 로 다시 돌아가는데 애를 먹었다. 정해진 일정을 치루기 위한 여행사의 또 다른 사투가 탕헤르 항구에서 벌어졌다 가이드가 바람의 세기와 배편을 알아보느라 진땀을 흘리고 우리는 우리대로 페리를 타기위해 그 옛날 훈련(?)했던 새치기를 시도하면서 일치단결하여 결국 페리를 탈 수 있었는데 그 과정에서 희한한 사건을 경험하게 된다.

'타리파' 로 다시 돌아가려고 여행을 위한 대형버스가 '패리' 배편에 실어지기 위해 잠시 정차하는 과정에서 모로코의 젊은 청년이 갑자기 차 앞쪽 보닛 속으로 기어들어가는 것이다 내가 동지섣달에 배고파서 밥을 훔쳐 먹으려는 개를 쫓아내듯이 소리치니까 그 청년이 진입을 포기하고 달아났던 것이다. 가이드한테 말로만 듣던 스페인으로의 탈출 시도 모습을 본 것이다. 스페인도 어렵고 힘든 상태인데 모로코 청년들은 스페인 드림에 대한 기대를 버리지 못하고 있다. 그처럼 모로코는 다급하고 삶의 애환이 깊은 곳이다. 우리는 마치 큰일을 해낸 것처럼 서로 수군대며 의기양양했다.

그러나 이후에 벌어진 일이지만 벌써 그들 중 3명은 차 뒤편으로 숨어 들어가서 숨을 자리가 없었기에 그 청년이 앞으로 숨으려고 했던 것이다. 우리 관광차가 자꾸 라디에이터 물이 새는 경고등이 들어와서 운전사가 몇 번 물을 채우는 것을 보면서 나 역시 이상하다는 생각이 들었지만 공연히 쓸데없는 것에 신경 쓰고 싶지 않아 잠자코 있었는데, 결국 '말라가' 로 가서 차 수리를 맡겼더니 차 뒤편 공간에 청년들이 숨어있었더라고 했다. 그 좁은 공간에서 허기도 참으면서 어떻게 버텼을까?

우리 차가 '마드리드' 까지 가는 것을 알고 거기까지 좇아가려다가 들킨 것이다. 우리 일행들은 '그냥 보내주지..' 하는 한국인 특유의 온정으로 붙잡힌 그 청년들을 안타까워했다. 그들은 결국 매를 맞고 강제 추방된다고 하는 가이드의 설명을 듣고 또다시 안타까움을 표현했다. 이 사건 이후로 벤츠 차량이 새롭게 제공되어서 우리일행은 운 좋게 좋은 차로 나머지 여행을 할 수 있었다. 모로코 청년 덕분에 우리가 오히려 호사를 누리게 되었으니 참, 세상일은 알 수가 없는 것이다.

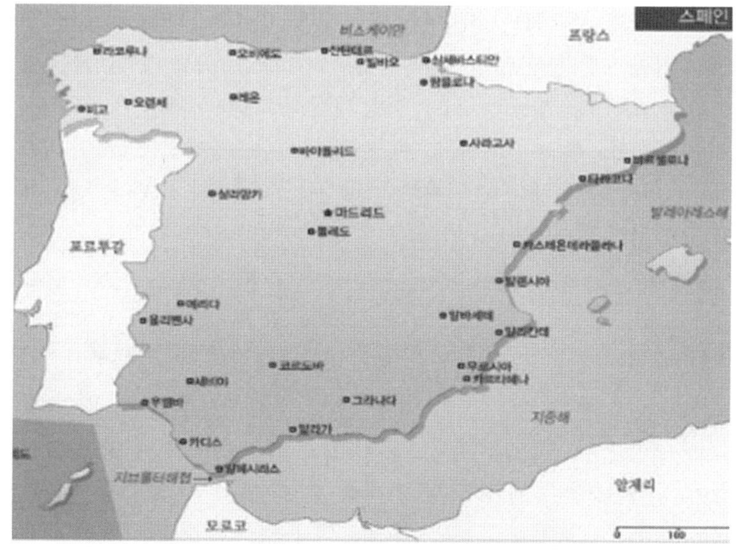

(네이버 지식백과 중 두산백과 발췌)

스페인

정식명칭은 '에스타도 에스파뇰'(Estado Espanol)이며, 영어명은 '스페인왕국'(Kingdom of Spain)이다. 유럽대륙의 서쪽 끝인 이베리아 반도에 위치한다. 서쪽으로 포르투갈, 북쪽으로 프랑스에 접하고, 남쪽으로 지브롤터 해협을 사이에 두고 아프리카의 모로코와 마주하며 동쪽으로 지중해, 북쪽으로 비스케이만(灣), 북서쪽으로 대서양에 면한다. 국토는 이베리아 반도의 대부분을 차지하며, 발레아레스 제도(諸島), 카나리아 제도에 흩어져 있다. 모로코 북부에도 에스파냐령(領)인 세우타, 멜리야 및 모로코 해안으로부터 떨어져 있는 3개의 작은 섬인 차파리나스(Chafarinas), 페논데알우세마스(Penon de Alhucemas), 페논데벨레스델라고메라(Penon de Velez de la Gomera)가 있다. 행정구역은 17개주(comunidad autonoma), 2개 해외 자치시(ciudad autonoma)인 세우타, 멜리야로 구성되어 있다.

이런저런 사건을 겪으면서 '코르도바' 로 향했다 보통 하루에 7시간정도 이동하게 되는 이번 여행에서는 올리브나무를 원 없이 봤고, 지평선이 보이는 유럽 특유의 정경을 하도 많이 보다 못해 잠이 들 정도였다. 생각 해 볼수록 아까운 땅덩어리들 이었다. 부지런한 우리나라 사람들한테 그런 땅이 있으면 무엇을 해서라도 생산할 텐데……. 하는 아쉬움이 절로 생겼다.

코르도바에서 '메스키타 회교사원' 과 유대인의 집단거주지인 유대인거리를 관광했다 세계 어디서나 돈 버는 천재들이 유대인들이라고 한다. 그들은 예수님을 불신하고 돈을 사랑했기에 박해를 받은 것이라고 생각한다. 종교적인 생각은 모두가 나름이기에 나 역시 나름으로 생각한다면, 지금껏 예수님을 받아들이지 않고 있는 유대교인들이 안쓰럽기만 하다. 하긴, 믿음의 주체는 하나님이시고 하나님께서 믿음을 주시는 것이니 하나님의 역사이지만 ...

여하튼 그러한 잡다한 생각을 하면서 그 말로만 듣던 '알함브라궁전' 을 보러갔다. 이슬람 문화의 최고걸작인 붉은 성 '알함브라 궁전' 은 여기저기 볼 것도 많았지만 이슬람 문화에 대해 생각할 수 있게 하는데 충분했다. 헤내랄리페 정원에서 물에 비치는 정원모습은 가히 일품이라 하지 않을 수 없었다. 일행들은 아름다운 모습을 담기에 정신없었다. 그 구도와 건축미를 보면서 우리 조상들이 고려

시대나 조선시대에 지은 건물도 그처럼 빼어난 멋이 있다고 생각했다. 세계문화유산에 등록된 '알함브라 궁전'의 이곳저곳 여기저기 살펴보았다. 마치, 결혼을 앞둔 신랑이 신부를 여기저기 살펴보듯이... 차를 타고 걷고 하면서 운동을 하니 식사도 잘하고 몸도 가벼워진다. 역시 여행의 맛은 이렇게 힘들게 걷고 또 걸으며 새로움과 만나는 것이 아닐까? 스페인의 호텔은 서유럽보다 공간도 여유 있고 주변 정경도 나무와 숲이 울창해서 좋았다. 음식도 풍요롭게 제공 되어서 기분까지 좋았다. 우리나라의 맥주와는 사뭇 다른 스페인의 맥주를 마시면서 하루를 음미하며 하루를 마감 했다.

아침부터 날씨가 흐리더니 빗줄기가 이어진다. '돈키호테'의 풍차마을로 유명한 '콘수에그라'로 이동하면서 비가 그치기를 바랐지만 결국은 바람까지 불어서 '콘수에그라' 풍차마을이 있는 언덕으로 갔을 때는 서있기 어려울정도로 바람이 세차게 불었다. 역시 풍차마을답다. 바람이 세차야 풍차가 돌아가니까 당연한 자연현상임을 알면서도 비바람이 거세니 불편했다. 추위에 떨면서, 바람에 밀리면서 어떻게든 풍차를 담아 보려고 노력한 탓에 사진은 멋있게 나온 듯싶다.

'콘수에그라' 풍차마을

헤네랄리페 정원

'톨레도' 로 이동하여 '톨레도 대성당', '산토토메 교회' 등을 구경하면서 그 웅장함에 감탄하지 않을 수 없었다. 나무로 만든 파이프오르간은 그중에서도 매우 훌륭했다. 그 조각형상을 나타내기 위해 얼마나 심혈을 기울였을까? 인간은 신을 향해 스스로가 노력하면 된다고 생각한다. 사실은 신께서는 신을 인정하기 바라는데 인간은 그렇지 않다. 신의 영역으로 돌아가 신이 되려는 그 기질과 허욕 때문에 신으로부터 버림을 받았는데도 불구하고 그때나 지금이나 많은 인간들은 신께 도전하려는 DNA를 버리지 못하고 있다. 그래서 행복과 자유를 누리지 못하고 늘 불안하고 두렵고 걱정과 후회의 연속으로 지내는 것은 아닌지. 이런저런 생각을 하면서 '마드리드 '로 향했다.

말로만 듣던 '마드리드'. 스페인의 제1도시이며 '바르셀로나' 와

앙숙관계인 '마드리드' 에 발을 디뎠다. 우리나라의 경상도와 전라도 관계는 그래도 보기 좋은 모습이다. '마드리드' 의 '안달루시아' 성향과 '바르셀로나' 의 '카탈루냐' 성향은 서로 그 대립각이 너무도 첨예해서 스페인 사람들은 '바로셀로나' 의 '카탈루냐' 사람들을 같은 나라사람들로 생각하고 있지 않을 정도라고 한다. 그러려면 차라리 독립을 해야지, 그렇지도 않으면서 과거로부터 지금까지 관계개선을 못하고 있다. 여하튼 마드리드하면 파이프담배를 물고 외항선을 타는 선장이 떠오른다. 왜 그런지는 몰라도 '마드리드' 라는 지명자체가 그런 느낌을 준다. 내 개인적인 특유의 생각이지만……. 그 마드리드에서 '그랑비아거리' , '마요르 광장' , '세르반테스 기념상' 등을 관광했다. '마요르 광장' 에서는 자유 시간을 1시간 줬는데 공연히 여기저기 쇼핑한다고 돌아만 다녔다. 한 곳에 앉아 커피라도 할 것을 ……. 그래도 즐겁게 장사하는 장사꾼한테 상하반지를 기념으로 샀다.

여행이 점차 종반에 들어가면서 스페인말로 인사도 하고 아이들 생각도 났다. 말로만 듣던 '프라도 미술관' 을 관람하게 되었는데, 프랑스의 '루브르 박물관' 이나 그 이외의 다른 나라 유명한 박물관이나 미술관은 전리품이 많이 전시되어 있지만 이곳 '프라도 미술관' 은 스페인 미술가들의 작품만 있다고 하니 더 집중해서 보고 싶었다. 특히, '고야' 의 작품이 많았는데 '고야' 당시 스페인의 상황이 매우 어려운 때라서 '고야' 의 작품은 대체적으로 우울한 작품과 어두운 색체를 이용한 인간 내면의 고통을 표현하고 있었다. 그 이외에 '옷 입은 마야' , '벌거벗은 마야' 그림은 상당히 유명한 작품이었는데 그림으로 표현한 여자의 표정과 눈빛 묘사는 가히 일품이었다. 어떤 사람이나 사진이나 그림을 보면 그 눈빛으로 그때의 심정적 상황을 알 수 있다고 한다. '고야' 가 그린 '마야' 의 눈빛은 도

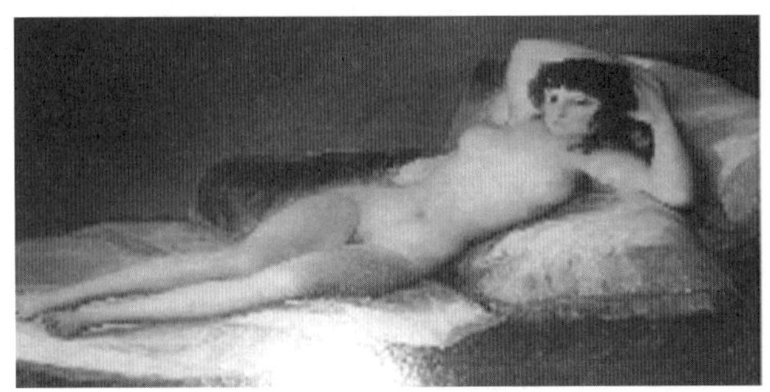

옷 벗은 마야

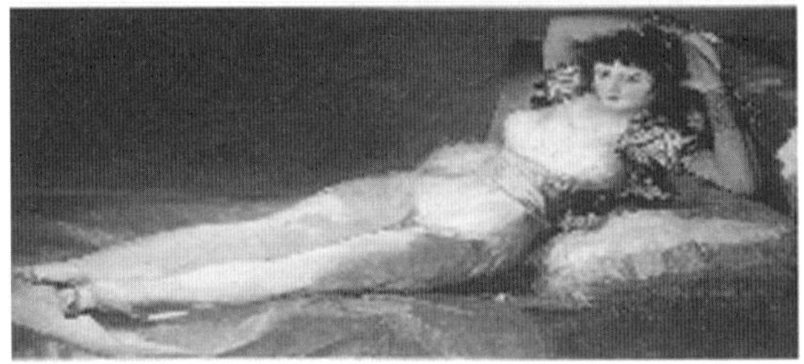

옷 입은 마야

발적인 여성의 모습이라고나 할까? 다른 그림의 눈빛과는 사뭇 다른 느낌을 주기에 충분했다. 우리일행들은 다시 '사라고사' 로 이동하여 '필라르 대성당' 등을 구경한 후 사라고사에서 또 하루의 밤을 보냈다. 드디어 여행일정 중 맨 끝인 '바르셀로나' 로 이동하게 되었는데 '마드리드' 가 남성적 모습을 갖고 있는 도시라고 할 것 같으며 '바르셀로나' 는 여성적인 모습을 담고 있는 도시. 우리에게는 올림픽으로 인해 '바르셀로나' 에 대한 호기심이 더 많았는지도 모르겠다.

'바르셀로나' 에는 유명한 건축가인 '가우디' 가 있었다. 건축에 대해 별관심이 없던 나는 비로소 '카탈루냐' 지방인 '바르셀로나' 에

와서 '가우디' 의 아름다운 인생을 엿볼 수 있었다. 독신으로 살다가 70세 중반 나이에 초라한 모습으로 교통사고를 당해 죽음을 맞이했던 희대의 훌륭한 건축가인 '가우디' 가 말년까지 구상하고 짓다만 작품 '성가족성당' 은 종래의 성당, 이때까지 스페인이나 다른 지역에서 봤던 그런 성당의 모습이 아니었다. 식물과 동물을 형상화한 자연을 발상으로 지어진 성당 모습이다. '가우디' 는 자연과 함께 있는 인간이 가장 행복할 것이라는 생각을 했었나보다. 수백년 동안 지어져야할 것을 고려하고 시작한 그의 작품과 생각은 그 자체만으로도 참으로 아름다웠다. 다만, 가우디의 제자들이 예수님 형상 옆에 '가우디' 를 조각한 것은 큰 잘못이라고 생각된다. 아직도 그들은 또는 이때까지 '가우디' 작품을 감상한 세계의 수많은 여행자들이 어떻게 생각했는지는 모르나 '가우디' 의 제자들이 생각한 그런 행태는 오히려 죽은 '가우디' 를 욕보이는 것이라 본다. '가우디' 라는 멋있는 건축가는 스스로가 드러내고 싶어 하는 공명심이 많은 사람이었을까? 오히려 그 반대였을 거라고 생각한다. '가우디' 에 대한 연민의 정과 그 제자들의 무지함을 생각하면서 '구엘공원' , '람블라스 거리' , '문주인 언덕' 등을 구경하며 스페인에서의 마지막 일정을 보냈다.

구엘 공원

가우디가 설계한 건축 작품

올리브와 스페인

만경 평야만 넓은 줄 알았다.
김제 평야의 논만 아름다운 줄 알았다.

중남부 유럽의 스페인.
올리브나무 밭이 호남평야가
좁아 보일 정도로 펼쳐져 있다.

포도와 올리브가
스페인의 정렬과 어울린다.

줄 맞춰 놓여 있는
올리브나무가
거대 군단의 열병을 보는 듯하다.

스페인의 풍요로움이
땅과 하늘에 찬다.
왕과 왕궁의 질서,
올리브나무의 질서가
어우러지는 스페인

어려운 현실을 박차고
일어서는 용기를 보고 싶구나.

다음에는 기회가 된다면 부산에서부터 기차를 타고 유럽으로 여행을 다녀오고 싶다. 비행기를 타고 하늘을 가로 지르며 하는 여행이 아니라 대륙을 딛고 대륙의 아름다움을 온 몸으로 느끼며 세계를 여행하고 싶은 마음이 간절하다. 이런 생각은 비단 나만이 하는 것은 아닐 것이다. 남과 북이 교통 왕래가 되어 그런 날이 오길 기원해 본다.

언제나 여행하고 돌아올 때면 느끼는 것이지만 역시 대한민국, 우리나라가 제일 좋다. 물도 좋고 인심도, 표정도 좋은 나라. 앞으로 수년 내에 세계6위의 무역대국으로 자리매김할 나의 조국. 그 옛날 '타고르' 가 노래한 것처럼 조용한 아침이 있는 나라. 우리나라만이 세계를 구할 수 있을 것이다. 종교분쟁이 없고 굶주림과 고통을 아는 나라이기 때문이다. 그렇게 중요한 일을 수행해야하는 내 나라이기에 우리는 우리들 서로에게 용기를 돋워 주고 신뢰를 깊이 쌓아야만 할 것이다.

새벽에 부치는 글

나는 새벽을 좋아한다. 어떤 이는 밤을 좋아하기도 하고 어떤 이는 낮을 좋아하기도 하지만 새벽이 매력 있다고 생각한다. 생각을 깊이 할 수 있기 때문이다. 그런 이면에는 혼자의 시간을 누릴 수 있기 때문이기도 하다. 학생 때는 새벽에 한참을 걷기도 했다 이 생각, 저 생각을 하면서 동이 틀 때까지 걷다 보면 그것이 하나의 희열을 가져오기도 했다. 몸은 약간의 피곤함으로 인하여 나른해지기도 하지만 그것조차도 희열을 가중시키는 요소로 작용한다. 그래서 새벽에 책을 읽으면 더욱 맛이 있다. 특히나 어슴푸레하게 어둠이 헤쳐지고 나면 그 때의 만족감이란 말할 수 없는 삶의 기쁨으로 다가선다. 그리고 비로소 존재의 의미를 스스로가 알게 되기도 한다.

새벽은 애인이다. 나만이 홀로 대하기 때문이다. 애인 같은 시간... 살아가면서 지독하게 - 또는 끈기 있게 - 사랑하는 것이 없다면 그것은 사는 것이 아니라는 생각을 하곤 한다. 언제나 그대로인 것. 그것이 사랑 아닐까? 새벽은 희망을 품고 있다. 사실 희망은 절망 속에서 피는 연꽃이다. 절망이 없다면 결국 희망은 존재하지 않는 것이다. 그러나 많은 사람들은 절망 속에서 희망을 찾으려 하지 않는다. 희망 속에서 희망을 찾으려 한다. 그러니까 희망을 알지 못하고 그냥 찾다가 마친다. 희망이 없는 것이지... 삶의 희망을 소유하지 못한 사람이 부지기수이다.

새벽은 절망을 알게 해 주는 시간이다. 새벽이 있기까지의 절망으로부터 새벽을 지나 희망을 품게 해 준다. 그래서 새벽은 새로 시작하는 모든 것을 갖고 있다. 새벽은 또한 사랑을 잉태하고 있다. 사랑은 어디서 오는가? 상실로부터 온다고 생각한다. 절대적 상실을 느끼는 것 - 아는 것, 경험하는 것 등 - 으로부터 사랑은 시작된다. 과연 사랑하고 싶은가? 그러면 먼저 상실의 고통을 알기 바란다. 우리는 무엇인가 보이는 것으로부터의 상실에 얼마나 집착하고 있는가? 재물을 잃어서, 집이 무너져서, 부모와의 사별, 남편과 아내와의 헤어짐……. 그런 외부적 상실이 전부인가? 상실은 스스로를 잃는 것이다. 스스로와의 헤어짐 - 자신의 상실, 자아의 상실 - 을 알고 있는 사람은 과연 얼마나 될까? 어쩌면 자신의 상실을 생각하지 않고 사는 것은 아닐까? 마치 존재하는 공기를 잊고 사는 것처럼……. 나의 실체 - 마음으로부터 육체까지 모든 실존 - 를 분명히 안다면 그것으로부터 알게 되는 상실을 알게 될 것이며 그 때의 상실이 진정한 상실이 아닐까? 그리고 그 상실로부터 사랑을 알 수 있을 것이다. 물체의 외부형태는 실체가 아니라 내부의 핵 - 분자 또는 원자라고도 할 수 있다. - 이 실체인 것처럼. 나로부터 모든 문제와 그 실마리를 찾게 되는 것이니까…….

새벽은 그렇게 나를 일깨우는 것으로 사랑을 잉태하고 있는 것이다. 새벽은 분명 절망을 안다. 그래서 나를 사랑하고 있는 것이다. 언제나 그대로인 것은 힘이다. 또한 능력이기도 하다. 새벽은 그렇게 지금도 나를 붙잡고 있다. 맛이 있는 삶을 살고 싶은가? 멋이 있는 삶을 갖고 싶은가? 괜찮은(?) 죽음을 맞이하고 싶은가? 그러면 새벽의 사랑을 받자. 그래서 새벽을 사랑하자.

선생은 아무나 하나

'사랑은 아무나 하나' 라는 대중가요가 있다. 그 노래에 '사랑은 아무나 하나 어느 누가 쉽다고 했나' 의 가사가 있다. 그렇다. 아무나 하는 게 아니고 아무나 해서도 안되는 게 있다.

가르치는 게 그렇다. 아무나 가르쳐서는 안 되는 것이다. 존중하고 사랑할 줄 아는 사람이 소중한 사람을 가르쳐야 하는 것이다. 배우고 가르치는 사이는 참으로 소중한 인연이다. 사랑하다가 헤어지는 그런 관계보다 훨씬 고결한 관계다. 사랑하다가 헤어지는 남녀의 관계도 '어느 누가 쉽다고 했나' 라는 표현을 한다면 배우고 가르치는 관계는 얼마나 어렵겠는가?

어떤 이는 선생이 쉬운 직업이라고 생각하기도 한다. 세대가 많이 변하긴 했어도 무릇, 선생을 직업이라고 생각하거나 말 하는 건 납득이 되지 않는다. 그렇게 생각하거나 말 하는 사람은 선생이 되지 말았어야 했다. 세상에는 밥벌이 하는 직업의 종류가 무한대로 많다. 그럼에도 불구하고 그런 생각으로 선생을 하는 사람이 있다면 그는 결코 행복하지 않을 것이며, 행복할 수 없을 것이다. 거기에다가 쉽다고 하는 것을 보태는 사람이 있다면 참으로 어불성설이다.

담임이라는 단어가 있다. 국어사전에는 '어떤 학급이나 학년 따위를 책임지고 맡음, 전담하여 맡아 보살피다.' 또는 '어떤 중요한 일을 책임지고 맡은 사람.' 이라고 풀이했지만 기실은 황소가 밭일을 하도록 코뚜레를 하고 길들이는 의미가 있다. 여하튼 어떤 의미든지 담임은 쉬운 일이 아닌 것이다. 날 뛰는 황소나 말 보다 더 다루기 힘든 게 사람의 사춘기 아닌가? 그 격동의 시절을 함께 하는 것이 선생의 직분이다.

그러나 무책임한 사람은 선생을 쉬운 일이라 생각하거나 말하기도 한다. 무책임하면 그럴 수 있다. 영업 실적처럼 금방 나타나는 일도 아니기 때문이다. 그리고 그런 무책임한 선생도 있긴 있다. 어디나 모두가 열심히 하는 건 아니기 때문이다. 지구상에서 오랫동안 본보기처럼 집단을 유지 하고 있는 개미나 벌의 집단도 20%가 열심히 자신의 일을 책임지는 반면에 나머지 80%는 어리바리 노는 무책임한 집단이기 때문이다.

배우고 가르치는 선생은 처음도 그렇지만 수십 년이 지난 후에도 제자들로부터 평가를 받는 다는 사실을 잊지 말아야 한다. 아니, 사후에도 그 평가는 계속되는 것이다. 이런 것을 생각한다면 선생이라는 일은 결코 함부로 하는 게 아니다. 밥벌이 직업으로 생각하기에는 너무도 무서운 일이 아닌가?

일전에 '스승의 은혜' 라는 비디오를 본 적이 있다. 그 영화의 내용인즉, 어릴 때 선생으로부터 마음의 상처를 받은 학생이 성장해서 보복하는 내용이다. 실제로 내가 가르친 제자들이 40대 후반이 되었는데 지금도 그들은 그와 버금 같던 선생들에게 그런 마음을 품고 있다는 것을 내게 고백한 사실이 있다. 서로 배우고 가르친 선생과 학생의 사이가 다음에 다시 만난다는 확신이 있다면 그럴 수 없었을 것이다. 어린 학생들이라고 그렇게 해도 모르겠지……. 하는 생각은 참으로 무섭고도 무책임한 것이다. 학생들은 생생하게 모든 것을 기억하고 있었다. 수십 년이 지난 일들을.

선생은 제자들에게 평가받는다. 선생의 직분을 올바로 하려면 엄청난 에너지가 필요한 것이다. 물론 차 한 대 팔려고 애 쓰는 것도 힘든 일이고, 물건 하나 파는 것도 힘든 일이다. 그러나 선생의 일을 똑바로 하는 것엔 비할 수 없다. 선생으로서 자기의 일을 똑바로 해낸 사람만이 이것을 인정할 것이다.

선생은 아무나하는 게 아니고 아무나해서도 안 된다. 똑바로 하지 않으면 무서운 결과를 초래하기 때문이다. 그만큼 리스크가 크다. 그래서 똑바로 했을 때는 얻어지는 것도 많다. 바른 선생의 곁에는 의리 있는 제자가 있게 마련이다. 누구나 어리든, 나이 들었든 간에 사람은 자신이 올바르지 않은 행동을 하면 스스로가 인지한다. 다만, 그것을 타인들에게 숨기고 싶은 본성이 있을 뿐이다. 어릴 때 자신을 올바르게 돌봐준 사실을 성장하면서 더욱 깊게 알게 될 때는 그 고마움을 자신의 부모보다 더 크게 생각하는 게 제자들의 모습이다.

늙어서는 가장 슬픈 일이 외로움이라고 한다. 돈이 아무리 많아도 찾아 주는 이가 없으면 그는 산송장일 뿐이다. 자식이 많아도 자기들에게 이익을 주지 않는 한 부모를 찾는 자식이 거의 없다. 요즘의 추세만이 아니다. 오래전부터 있어 왔던 일들이다. 젊을 때도 외로우면 기가 죽고 사는 게 아닐 것이다. 그래서 사람들은 일부러 시간을 내서 친구를 사귀고 같은 취미로 모이기도 한다. 그렇게 좋은 사람을 곁에 두려고 무진 애를 쓰기도 한다.

의리 있고 좋은 제자를 둔다는 것은 그렇기 때문에 행복한 일이다. 선생이야말로 사람으로 태어나서 꼭 해 볼만한 일이다. 올바른 일에 에너지를 투자한 만큼의 수천 배에 달하는 행복이 있기 때문이다.

선생은 선생다워야 한다. 아무에게나 선생이란 칭호를 붙이는 것도 옳지 않다. 아무에게나 선생의 호칭을 사용하는 건 다름 아닌 학생을 우롱하는 거다. 그리고 그 학생이란 바로 우리들의 자녀들이라는 걸 잊지 말아야 한다.

선생의 일은 아무나 하는 게 아니다.

丈母님

장모님의 시신이 타기 시작할 때부터 나는 화장터 담벼락에 기대어 병든 개처럼 슬프게 울고 있었다.

100세를 코앞에 둔 연세에 돌아가신 장모님의 일생은 너무도 파란만장했고, 불쌍했다는 생각에 내 연민의 정은 지금껏 오래도록 삭지 않았다. 사실 나는 장모님의 장례식에 참석하고 싶지도 않았을 뿐더러 처남들과 그 자식들인 외 조카들도 다시는 보고 싶지 않았었다. 아예 얼굴을 마주하고 싶지도 않았고 다시는 볼 일이 없어진 것으로 만족하고 있었었다.

장모님이 막내이면서 외동딸을 가진 것은 45세 때였다. 나이 들어 만삭에 아이가 들어서는 것이 지금이야 별일도 아니고 오히려 경사로 받아들일 수 있는 일들이 그 때는 동네에서 부끄러운 일이었기에 아이를 지우려고 언덕에서 굴러 보기도 하고, 간장을 국그릇으로 들이켜기도 하고, 다다미 방망이로 배를 때려 보기도하면서 가뜩이나 자존심이 강하고 지기 싫어하는 장모님이 남모르게 혼자서 어떤 노력을 했는지는 쉽게 상상이 갈 정도로 온갖 노력을 다 했지만 결국 태어나고야만 그 막내 외동딸인 아내에 대해 장모님은 각

별한 생각을 갖고 계셨을 것이다. 그런데 시골에서 별 볼이 없는 나는 만나게 되었으니 얼마나 속이 상하셨을 것인가?

나는 장모님의 눈에 가시였을 것이다. 장모님은 우리가 결혼하는 것에 대해 그 옛날 딸을 지우기 위해 노력했던 것보다도 더 심혈을 기울여 반대하셨다. 그러나 아내가 연탄가스를 들이 마시면서 죽어버리겠다고 하자 어머니인 입장에서 자식을 이길 수 없었던 것이다. 결혼식 전 날 내가 장모님께 말씀을 드렸다. "원하시면 어머니 모시고 살겠습니다."하자, 장모님은 "헤어지게하기 위해서라도 같이 살아야지!" 하셨다.

그로부터 정모님과 내 식구들은 25년 정도를 같이 살게 되었다. 내 두 딸이 태어날 때부터 장모님의 외손녀들에 대한 마음 쓰심은 각별했다. 내 딸들이 유치원 다닐 때부터 병이 드시기 전까지의 돌보심은 가히 그 어떤 부모가 실천하기 어려울 정도였다. 학교수업을 마치기 전부터 교문에서 기다리시다가 집으로 데려 오시기를 매일 같이 하셨다. 그 뿐만이 아니라 당신이 푼푼이 모아 놓은 돈으로 외손녀들에게 피아노며 대학입학금까지 준비해 놓으실 정도였다. 아내의 손위처남은 세분이 계셨지만 그렇게 외손녀들을 친손자들보다도 더 애틋하게 보살피고 키워주셨다.

그러나 나와의 관계는 그 역방향이었었다. 자라오면서 부모로부터 잔소리를 들어보지 못한 나에게 사사건건 잔소리를 하셨다. 결혼하기 전부터 25년을 같이 사는 동안 다른 사람들과의 비교적인 잔소리, 흰 머리칼이 있었던 나에게 용모에 대한 잔소리, 말투에 대한 잔소리, 생활에 대한 잔소리 등이 나에게는 이루 형용할 수 없는 고통으로 다가왔었고 결국 나는 술을 마셔대기 시작했는데, 거의 매일 새벽까지 초죽음이 되도록 술을 마셨다. 그러면서 단독주택에 살 던 나는 담 넘어 귀가하는 이상한 남편이었으니 아내의 신혼 생활은 그야말로 엉망진창이었다. 아내와 장모님의 다툼도 오래도록 자주 그리고 심해졌다.

나와 아내는 이혼 생각을 하게 되었고 심각한 일도 여러 번 발생되었다. 한번은 내가 어린 두 딸을 데리고 집에서 나오게 되었는데, 장모님이 그 모습을 보면서 전혀 말릴 생각도 하지 않으시고는 "헤어져도 잘들만 살더라." 하셨을 정도였으니, 장모님의 집념은 생각할수록 참으로 대단하셨다.

장모님이 노인병원에 계시다가 뇌졸중으로 고생하시게 된 것은 작년 이맘 때였다. 담당 의사에게 연락이 와서 갔더니 의사가 하는 말이 "오늘을 넘기기가 어려우니 마음의 준비를 하세요." 그래서 우리 가족이 부리나케 병원으로 갔다. 병원에 도착하자마자 내 딸들은 장모님의 온 몸을 주무르기 시작했다. 한참이 지나자 의사가 의아한 표정을 지으면서 혼자 말을 한다. "이상하네? 연세가 97세이신데……." 우리가 도착할 당시만 하더라도 호흡이나 맥박이 심각하게 현저히 떨어졌었는데도 불구하고 장모님이 다시 원상복귀 된 것이다. 그렇게 담당의사의 다급한 전화를 받고 심야에 다녀오기를 6번했다. 또 생각할수록 대단한 장모님이시었다.

그러나 나는 장모님이 돌아가시는 모습만 멀찍이서 지켜보기만 했을 뿐 그렇게 작고 초라한 모습의 장모님을 한번도 주물러 드리지 않았었다. 오히려 끝까지 우리가족을 고생시킨다는 악심이 내 마음에 깊이 자리하고 있었을 뿐이었다.

장례를 치루는 동안에도 나는 그 악심을 놓지 않고 있었다. 입관 때에도 참석하지 않았고 면식이 있는 손님이 오시면 술이나 마셨다. 그러면서 결코 눈물을 보이지 않으리라고 다짐도 했었다.

장모님의 시신이 화장되기 위해 문이 닫혀 지는 순간, 나에게는 형용할 수 없는 허전함과 미안함과 고마움이 마치 쓰나미가 몰려오는 것처럼 내 영혼과 몸을 휘감아 돌았다. 나는 주체할 수 없는 슬픔에서 있을 수가 없었고 담벼락에 기대어 흐르는 눈물을 멈 출 수 없었다. 지금 이순간도 장모님을 생각하면 또 그렇게 눈물이 흐른다.

어려운 시대를 사는 아이들에게

오월의 다사로움이 여기저기로 물들어 있는 이즈음 어떻게 지내고 있는지 걱정이 많다. 오월이 너무 화려하고 푸르르기 때문에 마음까지도 아픈 아이들이 있다. 따뜻한 부모의 보살핌으로 사랑을 배워야할 때가 지금의 너희들인 것이다. 사랑과 애정은 받아온 사람이 받을 수 있고 또한 줄 수 있는 것이다.

오늘, 스승의 날이라 하여 주변이 조용하지 않다. 나는 지금 스스로를 생각해 본다. 과연 내가 너희들에게 사랑과 애정을 주기에 얼마나 노력했는가? 너희들의 마음 아픔에 대해 얼마나 고통스러워했는가? 너희들은 부모로부터 버림을 받고 무관심에 놓여 있는 것이 결코 아니다. 지금의 시대적 상황은 이처럼 살아가기가 힘든 때인 것이다. 앞으로는 더욱 이런 상황이 심화될 것이다. 너희들이 부모로 되어 있을 때 과연 어떤 형태로 자식에게 자리 매김 되어 질까? 각자가 스스로에게도 자문해 봐야할 것이다.

이제 너희들도 고3이 되었다. 한창 생각을 많이 하고 고민도 많을 이때 과연 너희들 각자는 무엇을 추구하고 있는지, 또 무엇을 추구해야 하는지에 대해 깊이 생각하는 사람이 되기 바란다. 그리고 자신에게 대해 항상 가능성을 부여하는 사람이 되길 바란다. 너희들은 젊고 노력할 줄 아는 힘이 있기 때문에 지금 추구하는 것을 반드시 이룰 수 있을 것이다. 지금의 시간을 소중히 알고 살기 바란다. 지금 이 순간, 이 시간에 승부할 줄 아는 사람이 되길 바란다. 무엇인가를 미루는 사람은 비겁하게 될 가능성이 있는 사람이다. 미루고 피하는 비겁함 대신에 부딪혀 깨지는 용기를 갖기 바란다.

스승의 날은 스승이라 하는 사람이 가르침을 받는 사람을 깊이 생각해 보는 날이라고 생각한다. 지나간 시대에 있어서 좋은 가르침을 주었던 사람들이 있다. 그 분들의 삶의 여정에서 한 가지 공통된 것 중의 하나는 소신을 지키고 사셨다는 것이다. 소신을 갖고, 지킨다는 것은 어렵고 힘든 일이다. 선생으로서 소신을 지킬 수 있는 것은 학생의 도움이 절대적으로 필요하다. 즉 다시 말해서 앞으로는 너희들과 우리가 같이 가야한다는 것이다. 아니, 지금 이 순간 이후부터 우리 모두가 같이 가야한다.

우리 모두의 배움터에 대한 혁신과 발전을 위해 우리 서로가 존중하고 관심과 애정을 나누기에 주저하지 말자. 좋은 선생은 어떤 일이 있더라도 지켜야 한다는 마음을 우리 모두 깊이 갖도록 하자.

첫 사랑 용담

용담에 대한 글을 소개하자니 용담중학교 제자들이 홈페이지에 올린 앳된 내 사진을 본 그 때 만큼이나 감개무량하다. 벌써 31년이 지나고 있지만 하루도 빠짐없이 내 마음 속에서 살아 숨 쉬고 있는 그 곳이 나는 지금도 그립다.

전주에서 모래재를 넘어 굽이굽이 비포장도로를 타고 흙먼지를 날리며 도착했던 곳. 힘에 겨운 버스가 기울어 질 듯, 기울어 질 듯 비틀거리며 도착했던 곳. 내가 그 곳에서 그런 아름다움을 만날 줄이야……. 사람은 평생에 몇 번의 기회를 만난다고 한다. 어떤 사람은 그런 기회를 재물로 보기도 하고 일의 성취로 보기도 한다. 그러나 그 기회 속에는 사람이 있는 것이다. 내가 오랫동안 그리도 만나고 싶었던 사람다운 사람들을 만났고 그 사람들을 지금도 변함없이 만나고 있다. 내 행복의 근원인 것이다.

생각해 보자니, 1983년 3월에 수학선생으로 용담중학교에 발령 받아 여학생 담임을 하게 되었다. 그 때는 남학생이 1학급, 남녀 혼합반이 1학급, 여학생이 1학급으로 편성이 되었는데, 내 전임이 여선

용담중학교 전경

용담중학교 입구

생이라서 여선생이 발령을 받을 것이란 생각에 관리자께서 여학생 반을 남겨 놓았다고 했다. 나중에 알게 된 사실이지만…….

군 복무를 마치고 발령 받은 나는 약관의 나이였었다. 한참 사춘기의 나이에 예민한 여학생들은 나에게 있어서 곤혹스러운 최대의 어려움이었다. 혹시, 선생인 나를 이성으로 여기면 어쩌나? 하는 염려가 떠나지 않았다. 그래서 얼굴 표정을 무섭게 하려고 퇴근 후엔 하숙집 거울을 보면서 연습도 많이 했지만 역시 우리 반 여학생들에게는 역 부족이었다. 내가 인상을 쓰면 오히려 웃는 것이었다. 그 당시에는 쌀을 아끼려 했는지, 건강을 위한 것이었는지 모르지만 정부에서 학생들 도시락 혼식검사를 했었는데 내가 도시락 검사를 하려하면 학생들이 도시락 뚜껑을 닫고는 보여주질 않는 것이었다. 오히려 나를 빼꼼히 쳐다보는 것이었다. 그렇다고 화를 낼 수도 없는 것이고……. 그런 일로 관리자께 핀잔을 받기도 했었다.

그러던 어느 날 교실 창문을 통해서 점심 먹는 것을 몰래 보게 되었는데, 웬걸 학생들이 김치나 뭐, 그런 반찬은 없이 밥만 먹는 것이었다. 이상히 여긴 내가 잠시 더 지켜보게 되었는데 밥을 한 숟가락 먹은 후 새까만 알갱이-나중에 알았지만 간장에 고동을 담근 것-를 쪽쪽 빨아서 먹는 것이었다. 그것을 본 순간 너무 마음에 아파서 하숙집에 온 나는 한동안 눈물을 흘리며 울고 있었다. 저녁도 먹지 않고 슬픔에 잠겨있는 내가 측은했던지 하숙집 아주머니께서 왜, 그러냐? 고 물으셨지만 나는 그에 대한 답변을 할 수 없었다.

이런 저런 일을 겪으면서 지내던 중에 아침 출근 준비를 하는데 길가 쪽으로 있었던 하숙집 창호지에 손에 쑥 들어오더니 창호지가 찢어진 것이다. 걱정과 염려로 지내던 나에겐 그냥 지나칠 수 없는 사건이라 고민이 더해졌다. 그런 와중에 시험답안지를 쓴 학생이 답안 작성은 하지 않고 답안지에 빽빽하게 내 이름만 쓴 일이 발생되었다. 그 후로 나는 시험점수 데드라인을 60점으로 하고 시험이 끝난 다음에 회초리를 대기 시작했고 단체로 벌도 주었다. 물론 선생을 이성으로 생각하지 말라는 경고의 의미와 함께 실력을 쌓아

나중에 잘 살기 바라는 마음에서 시작한 회초리지만 지금 생각하면 그것도 저것도 올바른 것은 아니라고 생각된다.

우여곡절의 시간을 보내면서 1년을 보냈고 우리 반 여학생이 전교 1,2등도 하는 첫 해 졸업식을 맞이하게 되었는데……. 오전 10시에 시작한 졸업식이 12시 다 되도록 진행되는 동안 내 앞에 앉은 여학생-전교 1등으로 졸업한 학생-이 졸업식 시작부터 마칠 때까지 비 오듯 눈물을 흘리는 것이었다. 왜, 그러느냐? 질문도 하지 못한 채 그냥 바라보고 있다가 결국은 나 역시 깊은 눈물을 흘렸던 그 첫 해의 졸업식이 생각난다. 그리고 수십 년이 지나서 다시 그들을 만났을 때에도 그 여리고 어린 학생들을 보고 있자니 또 다시 그때처럼 눈물이 흘러나왔던 최근의 일이 떠오른다.

용담에서 만 4년 6개월을 근무했던 약관의 나는 매일같이 10km를 달렸다. 운동도 많이 했지만 책도 많이 읽었다. 새벽 교회종소리가 울릴 때까지 하숙집에서 또는 관사에서 거의 매일 책을 읽었으니……. 그때 독서가 지금의 시인 /수필가로 등단하는데 지대한 도움이 되었을 것이다. 새벽6시면 어김없이 일어나 용강산에 올라 산 정상에서 야-호하는 소리침이 얼마나 후련했는지 모른다. 저 멀리 신정리까지 갔다가 되돌아오는 새벽의 소리침은 세상을 향한 감사와 고마움의 메아리로 돌아오곤 했다.

여름에도 몸에 한기를 느낄 정도의 학교우물은 지금 생각해도 대단했다. 정겨운 모습의 두레박, 적당하게 깊은 우물에 풍부한 수량, **노간주나무로 둘러쌓여진 운동장……. 땅이 6000평, 하늘이 8000** 평인 군대 막사 같은 중학교 교정은 그처럼 아름다움을 품고 있었

수몰전의 외촌 풍경

소요대의 겨울 풍

다. 둥구나무 하숙집에서 교문을 들어서는 길은 철마다 꽃이 피지만 특히, 가을의 코스모스는 그 아름다움이 가히 일품이었고 교문 옆 교회는 교정과 어울리는 한 쌍의 연인처럼 서 있었다. 태고정은 고풍스러운 멋도 있었지만 그 아래로 흐르는 강줄기와 어울려 그 옛날의 풍류를 더 하고 있었다.

태고정에 대한 추억도 남다르다. 첫 해 겨울은 눈이 많이도 왔었는데 마음이 맞는 선생-지금은 전남에 있는 고등학교 지리과 선생으로 있다. -과 막걸리 한통-20리터짜리 흰 통 -을 받아서 밤새 얘기하고 노래하며 지냈던 때가 새삼 생각난다. 지금은 노래방에서 노랫말도 나오고 박자에 맞춰 소리도 들으면서 노래하지만 그 때는 노랫말을 기억해야 했음은 물론이고 아무런 악기의 도움도 없이 박자도 맞춰서 부르는 그야말로 라이브였었다. 그런데 거의 수십 곡에 이르는 노래를 구성지게 불렀던 그 선생이 새삼 보고 싶어진다.

여태껏 아쉬운 것은 태고정의 여탕과 남탕을 구분 짓는 곳에서 멱을 감아보지 못한 것이다. 최근에 제자들을 만나서 들어 보면 아주 추억의 장소였던 것은 분명한 사실이다. 우체국은 또 어떤가? 그때는 교환수가 있어서 교환으로 전환하던 때였다. 고즈넉한 향교, 양방과 한방 모두의 자격을 지니고 면민들의 건강을 돌보셨던 보건소장님, 용담으로 진입하는 곳에 있었던 저수지. 생각 해 보니 그 저수지에도 추억이 있다. 그 당시 서울에 집이 있었던 나는 달포에 한 번 다녀오곤 했다. 다른 직원들은 대부분 전주가 집이었기에 일주일 간격으로 집에 다녀오던 때였다. 매주 집에 다녀오는 다른 직원과는 달리 용담에 머무르던 때가 많았던 나는 우리 반 학부모와 어울리곤 했는데 초입의 저수지에서 물고기를 투망으로 잡아 날로 초장을 찍어 먹곤 했었다. 얼마나 맛이 좋았는지 모른다. 지금도 그때를 생각하면 군침이 돈다. 피라미, 빠가, 매기를 잡아서 배를 갈라 내장을 없앤 다음 초장을 찍어먹는 맛이란 가히 설명하기 어렵다. 쏘가리도 무척 먹었을 터였다. 그때는 물고기를 생김새로 구분하기 어려울정도로 내가 그 방면에 지식이 없었던 때였기에…….

현장체험학습-그때는 소풍이라 했다-을 갈 때면 한참 농사일이나 밭일에 분주하셨을 때였음에도 불구하고 학부모님들이 먹거리를 준비해 주셨다. 월계리, 외징리, 신정리……. 학부모님들이 손수 밥을 짓고 어죽을 끓여서 내오시고……. 참으로 열심히 인생을 사신 분들이었다. 건강히 지내는 분들도 많지만 노환으로 별세하신 분들도 많다. 특히, 댐이 생기면서 고향을 떠나 객지에 따로 사시다보니 어릴 때 추억을 향한 허전한 마음이 계셔서 먼저 가셨는지도 모른다.

고향은 말로 표현될 수 없는 삶의 원점이다. 태어나서 자라는 동안 그 터전 속 공기, 산, 물 등의 자연은 곧 서로가 가족과 같은 것이기 때문이다. 땅을 딛는 고향산천은 그래서 인간의 삶에 엄청난 영향을 준다. 송풍리나 망화리는 걸어가기엔 멀어서 현장체험 학습 때는 아이들과 같이 가지 못하고 가정방문할 때 가곤했다. 저녁7시 40분이면 막차가 끊기는 용담이다. 막차가 서로 만나서 한쪽은 송풍리를 지나 금산으로, 한쪽은 망화리를 지나 진안으로 가는 막차교대시간이면 자율학습을 마친 학생으로 북적이곤 했다.

막차로 가정방문을 갈 때엔 어두울 때 방문하게 된다. 낮엔 일터에 계시기 때문에 일을 마친 후인 밤에 가정방문을 가면 학부모께서는 소주-그때는 25도 알코올 농도를 지닌 소주였다. -한 병을 맥주컵에 가득 채워 가정 방문 온 선생에게 한 컵 권하는 게 일반이었다. 안주는 김치. 두어 잔 비우면 술에 얼큰하게 되고, 이런저런 담소를 한 후 용담으로 귀가할 때면 깜깜한 밤길을 걷고 산을 넘어오게 된다. 하늘을 보면 지리산 노고단이나 장터목산장에서 하루를 묵으며 보는 별빛과 별반 다름없었던 그 총총함이 눈에 선하다. 가로등도 없는 밤길을 걸어올 때면 이런저런 여러 생각을 하게 되었었다……. 조만간에 기회를 만들어서 송풍리부터 용강산으로 그 추억의 길을 걸어 봐야겠다.

가끔씩 뱀이 복도를 지나가곤 했던 용담. 학생들이 뱀을 잡아 장난삼아 놀이도 했던 자연풍경이 매우 좋았던 곳이다. 철마다 메뚜기를 잡아 튀겨먹었던 생각도 잊히지 않는다. 인삼은 거의 매일 반찬으로 먹었다. 미삼 반찬.

지금은 용담을 가려면 진안을 지나 부귀로 가서 용담댐 이정표를 보고 간다. 나는 댐 밑에 있는 용담의 여러 곳- 망화리, 월계리, 용담면소재지, 학교, 태고정, 향교, 외징리, 성남, 송풍리 등-이 그리워진다. 굽이굽이 흙먼지를 일으키면서 지칠 듯 버스가 기우뚱 거리며 갔던 그 길에 이제는 물고기들이 학생들처럼 즐겁게 지내고 있겠지만…….

그때나 지금이나 용담은 용담이다. 첫사랑 용담. 순정 있는 사람, 맑은 사람, 인정 있는 사람을 만난 곳. 아름다운 코스모스, 멋있는 태고정, 기품 있는 향교, 별이 총총히 떠있던 하늘, 시원하다 못해 시리던 우물, 물고기가 살기 좋았던 금강 상류…….
산도 공기도 물도 잊히지 않을 만큼 좋았던 곳. 그에 어울리는 사람이 살던 곳. 용담은 지금도 첫사랑이고 나는 그 첫사랑의 사람들을 여태껏 만나는 행복한 시인이자 수필가이다. 수십 년 후에 내가 시인이며 수필가가 될 것을 용담은 알고 있었을 게다. 그 첫사랑의 깊은 마음을 이제야 알게 되었다.

그래서 용담을 갈 때면 일부러 모래재 고개를 지나 옛 추억을 그리며 가곤 한다. 부귀를 지나서 용담에 진입하게 되면 월계리 다리가 보여 진다. 그 다리 위에서 수십 년 전의 추억을 떠 올리는 것이 얼마나 행복한 일인지…….

학교 문화에 대해

우리는 지금 이 순간 우리가 서로 공유하고 있는 학교공간에 대해 깊이 생각해 보아야할 때입니다. 학교는 과연 무엇인가? 학교에선 무엇을 익혀야 하는가? 그리고 우리는 무엇을 추구해야 하는가? 이런 문제에 대해 우리는 기꺼이 시간을 투자하여 서로의 생각을 조명해 보아야할 것입니다. 세칭 여러 분야의 사람들이 무너지는 학교, 붕괴되는 교실……. 운운하면서 바람만 넣지 실제적인문제의 해결을 위해 내어놓는 생각의 정립- 사상의 체계 - 에 대해선 참으로 미미하다 아니할 수 없습니다. 우리는 먼저 생각을 정립해야만 행동할 수 있는 것입니다.

많은 사람들은 개인적으로 ENJOY(즐김)합니다. 사실 인간 내면 깊숙이 자리 매김하고 있는 것은 자신의 모든 것을 즐기는데 그 삶을 소비합니다. 결국 ENJOY는 어떤 규칙이 없이 그 스스로가 즐거운 상태를 의미합니다. 타인을 고려하지 않는 자기만의 즐거움을 말합니다. 그런 관계로 ENJOY하려는 속성으로 학교에서 생활하려는 사람들이 있습니다. 이런 속성을 가진 사람의 부류에 비단 학생만이 관여하는 것은 아닙니다. 가르침을 주어야할 교사 역시 고려

해 보아야할 것입니다. ENJOY하려는 학생과 교사가 다수로 존재하는 문제로 인하여 지금의 사태가 총체적으로 발생되지 않았나? 생각이 됩니다. 나는 과연 어떤가? 의 스스로를 향한 질문에 진지하게 되돌아봅시다.

또 다른 한편으로 학교 공간을 WORK(어떤 댓가를 수반하는 에너지의 소비)의 방향으로 바라보는 생각이 있습니다. 불행스럽게도 대 다수의 사람들이 이것을 추구하고 있다는 사실에 우리는 주목할 필요가 있습니다. 과연 지식을 습득하고 습관을 들이며 가치관을 설정하는 배움의 어린 마음이 존재하는 학교 공간이 WORK의 방향으로 간다면 그것은 무엇을 의미하겠습니까? 마치 이런 설정은 좋든, 싫든 해야만 하는 정신적 육체적 속박을 내포하는 상태라 봅니다. 교사가 과연 이런 개념으로 가르친다면 그 속에 가르침을 받는 학생에 대한 순수한- 댓가를 바라지 않는, 부모와 같은 - 열정이 있다고 생각하십니까?

그러면 과연 학교는 어떤 방향으로 그 문화를 추구해야 하는가? 우리는 때때로 취미를 가진 사람들을 주변에서 많이 봅니다. 같은 취미를 갖지 않은 사람이 볼 때는 참으로 힘들고 어려운상황이라도 그들은 기꺼이 그것을 감내 하는 것을 우리는 어렵지 않게 볼 수 있습니다. 낚시를 취미로 하는 사람은 고정된 자리에서 좁고도 불편한 의자만으로도 그들은 20시간이 넘는 고통(?)을 기꺼이 즐기는 것을 우리는 알고 있습니다. 등산을 취미로 하는 사람은 죽음과의 사투를 벌이면서도 8000미터가 넘는 히말라야를 오릅니다. 아인쉬타인, 뉴튼으로부터 빌게이츠에 이르기까지 앞으로도 계속된 일련의 기록(?)들은 이런 마음으로부터의 시작 아니겠습니까? 취미를 즐기는 마음은 무엇입니까? 그것은 PLAY(놀이, 정해진 규칙으로의 즐김)적 사고방식인 것입니다. PLAY라는 개념은 먼저 상대를 인정하고 내가 상대에게 상대적 대우를 받는, 서로 공존적 즐거움을 소유하는 생각입니다. 그 속에서는 분명한 선이 존재합니다. 그것은 바로 규칙인 것입니다. 서로가 공생적 즐거움과 삶의 방향을 찾아가기 위한 서로의 약속이 규칙 아닙니까? 어느 일방의 것이 아닌, 쌍방의 것이 규칙입니다. 그래서 우리는 자연스럽게 민주적 사고방식을 터득하게 되는 것입니다. PLAY에는 원칙이 있습니다. 원칙이 있는 공간과 원칙을 존중하는 사람들 속에 PLAY적 사고 방식이 생기는 것입니다. 이런 바탕에서 교사와 학생은 학교문화를 정립할 필요성이 있다고 봅니다.

어릴 때부터 성인이 되어서 까지 우리는 친구- 마음이 통하는 동반자, 좋은 관계에 있는 사람-를 사귈 때에도 놀이를 하면서 사귄 때가 있었고 또 사귀고 있습니다. 상식적 놀이 문화가 바로 PLAY적 사고에서 출발하는 것이 아닙니까? 잘 노는(PLAY) 사람은 싸우지 않고, 원칙을 알고 공생적 삶의 방향을 터득하고, 자신을 볼 줄 아는 사람이라 봅니다. 학교는 이런 놀이(PLAY)를 가르치고 배우는 공간이 되어야 합니다. 이런 방향에서 교사와 학생이 서로 조화로이 어우러지는 공간을 생각해 보십시오. 그 곳은 애정과 앎에의 호기심이 넘치는 곳 아니겠습니까?

유기체적 생명력을 갖고 있는 모든 것은 방향을 갖고 있습니다. 공부, 운동……. 자기가 가고 싶은 삶에의 길을 취미로 간다면? 그 모습이 어떻겠습니까? 얼마나 멋이 있겠습니까? 참으로 삶의 멋을 가르치는 곳이 학교가 될 수 있도록 우리 모두가 서로 공통분모를 찾아야할 때가 바로 지금 이라고 생각합니다.

작품 해설

엄 원 지
(시인/문학박사)

순수와 진실을 추구하는 구도자의 길

시인 이종오는 오랜 세월을 교단에서 몸을 담아오며 아이들을 가르치고 틈나는 대로 시와 수필을 지어온 문학인이다.
그의 순수하면서도 강인한 인상은 한국 최 일선 교사로서의 해맑은 이미지를 떠올리게 만드는데, 그의 시와 수필 또한 스스로의 삶을 대변하듯 자연과 인생의 깊은 철학을 담고 있다.
소탈하고 평소 주위로부터 착한 사람으로서 인정받으면서도 교육적 측면에서 아이들에게 냉혹한 가르침을 사사하면서 따뜻한 사랑과 넓은 이해심으로 세상 사람을 바라보는 시인 이종오의 시선은 우리 한국 문단에서 지금 막 탄생하는 문학인의 표상으로 삼아도 좋을 만큼 모범 문학도라고 할 수 있겠다.

시를 쓴다는 것은 인생을 쓴다는 것이며, 시를 짓는다는 것은 인생을 짓는다는 것이다.
그러한 관점에서 시의 의미와 내용 그리고 깊이는 시인의 삶과 시인의 철학을 말한다.
시인은 시로써 자신이 바라보는 세상을 표현하고 시 속에서 스스로 위안과 기쁨과 희망을 느끼게 된다.

만일 시가 자신의 삶과 다르다면 그는 시를 쓸 자격도 의미도 없는 그저 평범한 사람에 불과할 것이다.
시와 시인은 별개가 아니고 일심동체임을 우리는 그의 글에서 만나게 된다.
아무리 좋은 시와 수필을 썼다 할지라도 작품을 쓴 작가 자신이 그가 쓴 내용대로 삶을 바라보지 않거나 다른 정서를 갖고 있다면 그의 작품들은 진정한 글이 될 수 없고 진정한 독자와도 만날 수 없게 된다.

시인 이종오는 이러한 점에서 이 세상으로부터 보증받을 수 있는 진정한 문학인의 대열에 서 있다고 해도 이의가 없을 것이다.
시는 본래 서정을 기본으로 하는데 그의 시는 순수한 감정과 감동의 표출로 독자에게 다가오는 매력이 있다.
또한 시는 함축적이면서도 간결한 문체 속에 표현하고자 하는 의도를 짜임새 있게 담아내야 하는 작업이 필요한데 그는 이러한 기본 작업을 탄탄히 해 온 훌륭함을 보여주고 있다.
그의 시는 단순한 시어로 시적 특유의 간결하면서도 날카롭고, 관찰적인 면을 보이는 것이 특징이며 그 속에 삶에 대한 따뜻한 애정과 세상에 대한 아름다운 사랑을 담고 있는 것이 우리가 느껴보아야 할 시적 과제인 것이다.
그리고 시인 이종오의 시에서 가장 괄목할만한 것은 그의 시 속에는 자연과 삶 그리고 세상을 향한 교훈적인 철학이 들어있다는 것이다.

시인이 단순히 자신의 감정을 아름다운 미사여구로 표현하여 사람들에게 감동만을 준다면 그것은 산의 꾀꼬리가 아름다운 목소리로 노래를 불러 산을 찾는 이들에게 즐거운 감흥을 주는 것과 다를 바

없는 것이다.

시인은 시대적인 사명감과 역사를 바라보는 눈이 있어야 하며, 세상을 때로는 보듬기도하고 때로는 질책하기도 하는 의식이 있어야 참다운 시인이라고 할 수 있는 것이다.

시인 이종오의 시에서 우리는 차분하면서도 아름답고, 세상을 꼬집기도 하며, 왜 우리가 이 세상을 살아가야 하는지에 대한 해답을 갈구하는 것을 볼 수가 있다.

그의 시에서 '모범답안' 을 우리는 구할 수가 있다.

2

이종오의 시들은 세가지 유형의 특징을 보여주고 있는데 삶의 본질 속에 드러나지 않으면서도 사실은 깊숙이 자라잡고 있는 허무에 대한 성찰을 끊임없이 시도하고 있다.

다른 하나는 자연에 대한 순수한 동경과 인간의 정신적 고향에 대한 그리움으로 일관된다. 마지막 하나는 삶과 세상에 대하여 그 본질을 추구하고자 하는 노력 속에 진실한 삶에 대한 그 해답을 구하고 있는 것이다.

그 진실의 결론을 그는 시에서 삶 자체가 아름답다는 결론과 우리는 희망으로 쉬지않고 숨을 쉬어야 한다는 역동적인 자세를 보여주고 있다고 하겠다.

시인의 눈에 비치는 세상은 염세적 허무가 아닌 미래를 향한 희망적 허무이며 삶의 본질을 탐구하는 속에서 깨닫게 될 진실이라는 철학이다.

삶은 자체가 허무이지만 살아가지 않으면 안될 사람의 운명 속에

왜 살아가야 하는지, 무엇으로 삶을 바라보아야 하는지 그 본질 추구를 다음의 시에서 묻고 있다.

서른의 다름이 한 묶음씩 묶여 있다.

때로 한 개가 부족하고 또 남게도 되지만

12장 단막극의 연출이 흥미롭다
희 노 애 락
무한대 사람이 쉼없는 얘기를 들려준다
극악무도함부터 눈물겨운 안타까움까지

그토록 다른 이야기들

한 개, 한 묶음
12장을 넘기면서
내 얘기는 별거 아닌데도 불구하고
가장 힘든 것처럼
아름다운 것처럼
여겨지는 것은 뭘까?
12장 단막극 연출이 벌써
수 십 차례 했으면서도

매양 그대로인 연유는 뭘까?

그가 숫자로 말한다

인생은 간막극인 단막극이라고.

—시「달력」전문—

자연은 모든 생명체의 근원이자 마지막이다.
이종오의 시는 이 자연을 테마로 끊임없는 시 정신을 실험 하고 있다.

자연의 천태만상한 모습과 변화를 관조하는 그의 시는 스스로가 자연이 되어 도시의 기계화된 이기문명의 창조를 바라보며 오염과 혼돈의 현실 속에서 그래도 희망을 갖고 열심히 살아가야 하는 평범한 우리네 삶을 다음 시에서도 관조하고 있다.

대지에 떨어진다
때로
아스팔트,
황토 바닥,
숲 길---

나는 이제 돌아갈 곳이 없다

아픔과 상처를 돌 볼 겨를없이
살기 위해 모든 것을 해야만 한다

아스팔트 위에 길을 만들고
황토에 길을 만들어서

갈 수 밖에 없다

내가 만드는 첫 길,
내가 만드는 것은 모두가 처음이다

나로 인하여 꽃이 살고
나로 인하여 풀이 살고
나로 인하여 대지가 산다

나는 네가 되고
너는 내가 되어

서로 우리가 된다

우리가 시내가 되고
우리가 강이 되고
우리가 바다가 되는 것이다
우리가 숲을 만들고
우리가 언덕을 만들며
우리가 모든 것을 만든다

그렇게
우리는 생명의 시작이 되는 거다.

—시 「빗물방울」 전문—

시인 이종오가 관찰하는 세상의 모습은 고뇌와 상처로 얼룩진 아픈 세상이지만 그가 생각하는 세상은 희망과 사랑으로 이를 극복하며 살아가야 하는 삶의 이유를 시로 표현하고야 마는데 다음의 시에서 잘 나타나 있다.

갈대가 바람결에 몸을 부딪는다.
몸과 몸이 닿아 서로의 상처를 어루만져 주고,
마음과 마음이 이어져 경계를 허물고,
하나 되는 어우러짐 속에서
기쁨을 같이 하고 슬픔을 같이 하며
눈물을 나눈다.

상실의 고통을 알기에
서로가 서로에게
얼마나 필요하고 소중한지를 알고 있어,
갈대는
바람에 서로의 모든 것을 부딪는다.

혼자이지 않은 갈대......
그러면서도 혼자인 갈대.

갈대가 바람에 부딪고 흔들린다.
몸과 마음이 닿아 노래한다.

사랑과 존경과 희망을 안고
갈대가 서로 노래한다.
서로의 노래를

서로가 서로에게
그렇게 노래한다.
봄, 여름, 가을, 겨울.

변함없이 지금도 그처럼 부르고 있다.

—시「노래하는 갈대」전문—

시인 이종오는 또한 삶의 본질을 추구하며 거짓된 세상을 비판하면서 무엇이 진실인지를 바르게 말하고자 고뇌하고 있다.

삶의 본질은 거짓과 진실의 양면을 가지고 있는데, 시인이 보는 세상의 본질은 진실 그 자체를 거짓으로 보며 때로는 거짓을 진실이라고 깨달으며 살아가는 우리 존재의 아픔을 스스로 통감하기도 하며 이를 시로 표현하고 있다.

어쩌면 그의 시가 말하고자 하는 모든 결론이 이 시에 있는지도 모른다.

지동설이 인증 받기 전의
모든 건 거짓이었다.

이차원에서
인간이 추구했던 것,
진리라고 가르치고 배웠던

모든 건 거짓이었다.
지금도 여전히 그렇게

거짓을 진리라고
또 가르치고 배운다.

처음부터
인간이 추구해 오던 것들은

거짓뿐이다.

존재하지 않는 허상으로부터
자유를 잃고
스스로가 불행해 지는 늪으로 빠져만 간다.

사실은 모든 게
정답임에도

모범 답안만을 찾아 헤맨다.

—시「모범답안」전문—

3

시인 이종오의 시 속에는 시인 나름의 깊은 철학이 곳곳에 배여 있다.
전체적으로 그의 시 속에서 느껴지는 이미지는 삶에 대한 철학적인 고찰이다.

이종오 시인이 보는 세상은 그 근본이 아름다운 선의 세계이다.

존재의 안과 밖을 있는 그대로의 모습으로 보고자 구도자의 자세로 살아온 그의 삶은 시를 통해 세상의 모범답안을 늘 갈구해 왔다.
선과 악의 대결적 세상에서 무엇이 선함이고, 무엇이 악함인지 그는 시를 통해 세상에 절규한다.
그러나 결국 그것은 자신 스스로의 자성이며, 본질적 삶의 근본을 추구하는 구도자적 메아리로 우리에게 많은 깨우침을 주게 된다.

그의 시는 평소 깊은 명상에서 나온 철학적 요소가 담긴 시이며, 혼란된 우리의 삶에 희망의 메시지를 전하고자 하는 시인의 아름다운 꿈으로 귀결할 수 있다.